L. D'ESTIENNE DE SAINT-JEAN

HENRI V

ET

LA RÉPUBLIQUE

> On ne revient pas à la vérité en changeant d'erreur ; on n'échappe pas par des expédients à des nécessités éternelles.
>
> (LE COMTE DE CHAMBORD).

> Il faut en finir. Il faut un principe à une nation Il n'y a point de place pour une combinaison de hasard... Il n'y a rien en dehors de Henri V ou de la République ; légitimistes ou radicaux, voilà ce que tous doivent être.
>
> (*L'Égalité* de Marseille ; 8 Octobre 1871).

2me ÉDITION

MARSEILLE

TYPOGRAPHIE MARIUS OLIVE

RUE SAINTE, 39.

1872

HENRI V

ET

LA RÉPUBLIQUE

L. D'ESTIENNE DE SAINT-JEAN

HENRI V

ET

LA RÉPUBLIQUE

> On ne revient pas à la vérité en changeant d'er-
> reur ; on n'échappe pas par des expédients à des
> nécessités éternelles.
>
> (LE COMTE DE CHAMBORD).

> Il faut en finir. Il faut un principe à une nation
> Il n'y a point de place pour une combinaison de
> hasard... Il n'y a rien en dehors de Henri V ou
> de la République ; légitimistes ou radicaux, voilà
> ce que tous doivent être.
>
> (*L'Égalité* de Marseille ; 8 Octobre 1871).

2me ÉDITION

MARSEILLE

TYPOGRAPHIE MARIUS OLIVE

RUE SAINTE, 39.

1872

HENRI V
ET LA RÉPUBLIQUE

LA RÉPUBLIQUE

Le passé de la République

Pour la troisième fois, depuis moins d'un siècle, la France fait l'essai du régime républicain ; cette nouvelle tentative réussira-t-elle ?

En 1789, miné par les fils de Luther, frappé par ceux de Voltaire, le plus grand trône du monde s'écroulait ; un hurrah de triomphe sortant de toutes les profondeurs salua sa chute ; plusieurs trônes tombèrent avec lui ; tous furent ébranlés et tremblent encore.

Délivré du joug de ses rois, le peuple de Paris voulut s'affranchir du joug de Dieu. Il plaça sur l'autel de Notre-Dame une fille publique, supplicia quiconque était soupçonné de religion, refit le calendrier, et au nom de la raison émancipée décréta le culte d'oignon, de grenouille et de serpette, à la place de celui des saints. Enfin, le 21 janvier 1793, *les droits* de la bête humaine déchaînée éclatèrent dans toute leur puissance ; quatre-vingt-dix mille têtes tombèrent avec celle du roi. Les massacres de Paris furent imités dans la plupart des grandes villes ; Nantes eut Carrier avec ses noyades et ses mariages républicains ; Lyon eut les mitraillades ; la guillotine régna par toute la France, l'incendie détruisit ses monuments, la proscription ruina son commerce, deux grandes provinces, la Bretagne et la Vendée furent mises à feu et à sang.

Avec les têtes de ses nombreux ennemis, la Révolution prit souvent aussi celles de ses enfants et de ses pères ; « qui frappe avec le fer périra par le fer », a dit l'éternelle Sagesse. Robespierre, Couthon, Camille Desmoulins, Saint-Just, Fabre d'Eglantine, Anacharsis Clootz, Hébert le hideux père Du-chêne, Chaumette, Danton, Hérault de Séchelles, Carrier, Fouquier-Tinville, Lebon et bien d'autres montèrent les degrés de la fatale machine par eux dressée et tant alimentée. Ils avaient déchaîné les appétits de l'hydre, s'en croyant les favoris ou les dompteurs ; ils en furent dévorés (1).

Nourrie de tant de ruines, cimentée par tant de sang, la République de 89 semblait devoir être forte ; elle devait grandir radieuse sur les cadavres de ses ennemis ; elle ne vécut pas. Le sang qui abreuvait les sillons révolutionnaires n'y fit germer qu'un maître : ivre de carnage, la République s'engourdit, puis ne s'éveilla que pour se jeter entre les bras de Bonaparte et le faire son empereur.

---

(1) De même, à l'heure où s'écrivent ces lignes, Bismark voit avec terreur se dresser contre sa Prusse, l'Internationale qu'il avait lancée avec mission de détruire la France, et à qui cette proie ne suffit plus. Ainsi l'Angleterre qui caressa l'enfance de la bête féroce, essayant de l'apprivoiser, lutte maintenant contre ses premières atteintes.

En 1848, un trône étayé sur le mépris des traditions nationales et des lois fondamentales de la France, tombe tout à coup ; la Révolution nous ramène la République. Cette fois, plus pressée encore que la première, elle ne prend que le temps de dresser quelques barricades, d'établir l'impôt des 45 centimes, le cours forcé, de peupler Cayenne et Lambessa ; puis, de nouveau, se jette éperdûment entre les bras de Bonaparte le Faux.

En 1870, après vingt années d'orgie, l'homme de Sedan s'effondre dans sa boue. La Révolution dont il fut l'œuvre et l'enfant bien-aimé, le remplace par une troisième république. Aussitôt les magasins se ferment, les cachettes se creusent, des figures sinistres sortent de dessous les pavés ; la France abattue, mutilée, suit d'un œil anxieux l'œuvre réparatrice de la république, qui s'annonce comme l'arche de salut. Cette œuvre, présidée par un jeune avocat, c'est : l'entrée des Prussiens dans Paris ; nos armées sans pain, sans chaussures, sans armes, conduites par un état-major d'estaminet ; l'insurrection de l'Algérie sur une circulaire de Crémieux ; la suppression par Jules Favre des propositions d'intervention de la Russie en notre faveur ; la suppression par Gambetta des conseils-généraux ; les révoltes de Marseille, Bordeaux, Toulouse, Saint-Etienne, Perpignan, Béziers, etc., etc. Enfin l'effroyable insurrection de Paris, couronnée par les pétroleuses.

Tel est le bilan des six premiers mois de la République de 1870.

De l'écume que charrie le flot révolutionnaire naissent toujours quelques Césars qui croient le maîtriser après s'en être servis ; ils sont bientôt balayés par le flot suivant, mais combien leur passage est lourd pour les peuples ! N'ayant qu'eux-mêmes pour principe et pour but, nés des aventures sanglantes ou ignobles, sans droits comme sans dévouements; ils vivent et sont emportés ainsi qu'ils étaient nés. La France a subi Robespierre, Napoléon le Faux, Gambetta; l'Angleterre eut Cromwel; Rome vit Néron, Caligula, Tibère; Dieu seul sait ce que nous devons encore attendre.

Depuis que la France a rompu avec ses lois fondamentales et ses traditions de quatorze siècles, elle est passée par dix formes successives de gouvernement et ne semble pas près de s'arrêter dans cette voie d'essais désastreux.

A la monarchie légitime succédèrent :

La République de 1789 et la Terreur :

Le Consulat ;

L'Empire, qui par ses guerres contre toute l'Europe provoqua la première invasion :

La Restauration ;

Les Cent Jours, qui motivèrent la 2me invasion ;

La 2me Restauration, qui en cinq années, rétablit l'honneur, les finances et la prospérité de la France, épuisée par vingt années de luttes civiles et de guerres étrangères :

La Royauté illégitime de Louis-Philippe ;

La 2me République ;

Le 3me Empire, qui amène la 3me invasion ;

La 3me République, dont le nom seul retient encore sur notre sol les soldats de Guillaume.

Nous avons vu paraître successivement depuis 1789 :

L'Assemblée Constituante :

L'Assemblée Législative ;

La Convention :

Le Directoire ;

Le Consulat, précurseur de l'Empire.

Dans les deux années que vécut la 2me République :

L'Assemblée Nationale Constituante ;

L'Assemblée Législative ;

La Présidence de Bonaparte III.

Pour la République du 4 Septembre :

La Dictature de Paris ;

La Dictature de Gambetta à Tours et à Bordeaux ;

La Commune à Paris ;

La Dictature de Versailles.

Ces trois essais de républiques, qui en moyenne ont vécu moins de quatre ans chacune, ont fabriqué en bloc quatorze mille quatre cents lois.

Elles nous dotèrent en plus de onze Constitutions *définitives*, savoir :

Constitution du 14 Décembre 1791,

    — du 4 Juin 1793,

    — du 4 Décembre 1793,

    — du 22 Août 1795,

    — du 15 Décembre 1799,

    — du 2 Août 1802.

    — du 18 Mai 1804,

    — du 4 Mai 1848,

    — du 14 Janvier 1852,

    — du 3 Novembre 1853.

    — de 1871 ou 1872.

Tout cela fut décrété et juré, tout cela était déclaré éternel !.. La Restauration elle-même, entraînée par les circonstances, au lieu de maintenir les immuables institutions qui avaient présidé pendant tant de siècles à la splendeur de la monarchie, la Restauration eut la faiblesse d'élaborer une Constitution qui se ressentait de l'influence révolutionnaire, et qui ne fut pas étrangère à son renversement.

La République est-elle possible en France ?

Il n'existe que deux principes de gouvernement: République ou Monarchie, lesquels peuvent revêtir chacun des formes diverses.

Les révolutionnaires se sont écriés: « La République est ce qui nous divise le moins, car elle est une, elle est seule ; la Monarchie, au contraire, compte autant de partis ennemis que de systèmes et de prétendants ; rallions-nous donc tous à la République. » Cela est deux fois faux. La république est ce qui nous divise le moins? Oui, répond-on, car tous sont d'accord pour n'en pas vouloir. Mais si elle est une, qu'on nous dise donc quelle est la vraie : celle de Thiers, république sans républicains, ou celle de Félix Pyat? La république scientifique et platonique que prêche Gambetta, ou celle de Jules Favre? Celle de l'Internationale, ou celle de Lafayette, ou celle encore que tous les brigands appellent la bonne? Car dès que l'une d'elles arrive au pouvoir, elle est déchirée par les autres.

Il y a autant de monarchies que de prétendants! C'est encore faux. Il n'y a de monarchie vraie, légitime en France, que celle qui a présidé, sans être jamais contestée, à nos longs siècles de prospérité et de gloire. Tout trône d'aventure, bâtard ou usurpateur, est à la monarchie ce que la fausse monnaie est à la monnaie de bon aloi, un mensonge, une contrefaçon bientôt rejetée et brisée.

Ce péril est écarté d'ailleurs; les révolutionnaires les plus

ardents le déclarent eux-mêmes; écoutez le journal l'*Egalité*
du 8 octobre 1871 : « Il faut en finir; il faut un principe à
une nation; il n'y a point de place pour une combinaison de
hasard qui nous livrerait à l'escamotage Orléaniste ou au ban-
ditisme Bonapartiste. Il n'y a rien en dehors d'Henri V ou de
la République. Légitimistes ou radicaux, c'est-à-dire : roya-
listes de principes ou républicains de principes, voilà ce que
tous doivent être, sous peine de tomber au-dessous du bas-
empire ou de périr comme la Pologne. » On ne saurait dire
mieux, et volontiers nous acceptons l'alternative. D'ailleurs,
à mesure que les deux camps s'affirment, les nuances inter-
médiaires disparaissent; les princes d'Orléans, à qui l'on attri-
buait des idées d'ambition, se sont effacés; (1) où sont d'autre
part les républicains honnêtes ? Leur nombre décroît de jour
en jour; dupes ou fripons ils n'ont que ce choix; et les dupes
s'écartent pour laisser se heurter de front Henri V et la ra-
dicale.

La République est en principe le gouvernement du pays
par le pays, de tous par tous ; son drapeau porte : Souveraineté du peuple ; sa devise est : Liberté; ses moyens sont : la
souveraineté de l'Assemblée nationale, le suffrage universel,
tous les fonctionnaires ne relevant que de l'élection, rempla-
cement des armées permanentes par la nation armée ou garde
nationale.

Certes, le tableau est attrayant! Cependant, à l'heure actuelle et depuis que l'Europe est constituée, il n'y a de ré-

---

(1) L'effacement du Comte de Paris paraît très-digne. Il est fâcheux
pour le Duc d'Aumale et le Prince de Joinville, qu'à peine entrés à la
Chambre par une porte dérobée, leur premier soin ait été de réclamer
leur argent. Ils n'oublieront certainement pas que cet argent, dû tout
entier à la libéralité de la monarchie légitime, serait plus criminelle-
ment que tout autre employé en machinations contre la monarchie traditionnelle et le droit fondamental de la France.

publique en Europe que la petite Suisse. Celle des États-Unis, si prospère pendant son premier siècle d'existence, laisse déjà voir les signes manifestes d'une précoce décomposition. Le grand républicain A. de Tocqueville l'a dit avec autant de justesse que d'autorité : « L'histoire du monde ne fournit pas d'exemple d'une grande nation qui soit restée longtemps en république.... Toutes les passions fatales aux républiques grandissent avec l'étendue du territoire. » (*De la Démocratie en Amérique*).

Cette forme de gouvernement est-elle absolument impossible à maintenir ? Non, car elle est basée sur un principe, c'est-à-dire sur un élément de vérité. Mais tout principe n'est pas applicable indistinctement à tous les hommes et en toutes circonstances; le même régime, excellent en lui-même, renforcera l'homme en santé et tuera le malade; les sciences exactes qui sont certes quelque chose de vrai et d'utile, abêtissent l'intelligence qui veut s'y adonner sans y avoir aucune aptitude.

Une nation a son tempérament ainsi qu'un homme ; pour établir une République, il faut une nation au tempérament républicain : la France a-t-elle ce tempérament ? Je dis non sans hésiter, et je le prouve.

Non, car le Français, généreux et mobile, vaniteux, toujours disposé à l'opposition et prompt à l'enthousiasme, a tous les défauts et toutes les qualités qui peuvent entraver la gestion en commun des affaires publiques.

Vaniteux, il crie : Vive l'égalité! pour autrui, mais il veut toujours être en vedette; il veut paraître au-dessus de sa condition, au-dessus de celle de ces égaux, surtout de celle de son père. Généreux, enthousiaste, il s'engoue d'un homme ou d'une idée et se laisse entraîner ainsi, jusqu'à ce que changeant d'idole, sa mobilité lui fasse briser celle de la veille.

L'Américain, froid, marchand, homme d'affaires, a pu vivre

pendant un temps en république, perdu qu'il était dans une région neuve et immense qui absorbait toute son attention : et cette terre, éloignée de deux mille lieues de l'Europe, le mettait à l'abri de toute influence comme de toute attaque du dehors. Le Français, vivant dans des conditions absolument contraires, doué d'un tempérament opposé, a besoin plus qu'aucun autre, pour compenser son instabilité naturelle, d'un gouvernement ferme, stable, sans interruption, qui laisse à l'opposition le moins de prétextes et d'occasions possibles : la monarchie héréditaire en un mot.

Le gouvernement du peuple par le peuple, de tous par tous, en France !.... Le mot serait magnifique de bêtise, et c'est comme tel qu'il a fait son chemin, s'il n'était trop sanglant d'ironie. Qui ne sait en effet comment quelques habiles, menant et flattant les populations, se font un marche-pied de ceux qn'ils jettent dans l'abîme. Tous les hommes sont frères, l'humanité n'est qu'une grande famille ; hé bien, prenons seulement pour exemple le premier élément de cette immense famille, prenons-en une de six membres, et que, de l'enfant de sept ans à la grand-mère de quatre-vingts, tous commandent, tous gouvernent, et que personne par conséquent n'obéisse. Appliquez la même théorie à une fabrique, plus de patron ni de contre-maître ; à un régiment, plus de colonel, de capitaine ni de sergent ; tous les soldats, comme tous les ouvriers, comme tous les enfants, se commandent eux-mêmes. Ah, que dans huit jours, la famille, le commerce et l'armée seront dans un brillant état !

La souveraineté du peuple... Tout le monde est le peuple : hommes, femmes, enfants; et la part de souveraineté de chacun demeure intacte envers et contre tous. Qu'importe le suffrage universel? qu'importent les majorités, l'unanimité même? qu'importe la loi? Si ma souveraineté décide le contraire, aura-t-on le droit de me contraindre? Je décide que tous

ont tort, moi seul ai raison. Eussé-je moi-même hier, colla-
boré à la loi, ma souveraineté la trouve mauvaise aujourd'hui,
je la rejette ou m'insurge. L'insurrection permanente, le
chaos, voilà le peuple souverain ; nous l'avons vu à l'œuvre.

On l'a dit avec vérité : Ce n'est pas la république qui fait
défaut à la France, elle s'offre au contraire avec acharnement;
mais la France fait toujours défaut à la republique. La répul-
sion est invincible; messieurs les démagogues sont pour notre
pays l'objet d'une terreur trois fois justifiée. « La démocratie, c'est l'envie », a dit Proudhon, et l'on connaît les en-
vies de la démagogie.

Tous les républicains ne sont certainement pas de malhonnêtes gens, mais tous les malhonnêtes gens se disent républicains, et plus ils se rapprochent du bagne, surtout s'ils y sont
entrés, plus ils sont républicains ardents. Nulle part la *Mar-
seillaise* n'est vociférée avec autant d'amour que dans les prisons et les mauvais lieux. Jamais on ne voit se pavaner autant
de figures sinistres, jamais autant de forçats, libérés ou non,
n'arrivent aux honneurs et aux profits qu'en temps de république. Le général Ducrot réclamait avec insistance auprès du
ministre républicain Picard le changement d'un préfet:
« Oui, mais il est si difficile de trouver un bon préfet républicain ! » répliquait le ministre.

« Tenez-vous en garde contre l'entraînement révolutionnaire, écrivait Washington à son ambassadeur Jefferson, le ja-
cobinisme français est le plus grand ennemi de la liberté,
l'obstacle le plus direct au progrès. »

La République ne se maintient en France qu'autant que
les républicains n'y paraissent pas. Eux-mêmes sont forcés
de reconnaître qu'ils sont le principal obstacle à son établissement; dès qu'ils se croient assez forts pour se montrer, tout
tombe dans la torpeur, le sang de la France se refoule, avant
de couler par toutes les plaies qu'ils ouvrent; et bientôt la ter-

reur provoque une réaction qui les renverse. C'est ainsi qu'ils finiront cette fois encore; fasse le ciel que ce soit sans de terribles déchirements !

La théorie républicaine séduisante et sa pratique désastreuse ont été justement représentées par les Italiens, sous la forme d'une femme à la face avenante et belle, mais finissant en queue d'un serpent venimeux.

Le Suffrage Universel

L'idée du suffrage populaire confiant tous les emplois aux plus dignes ; les fonctionnaires, du plus humble au plus relevé, responsables directement envers le pays, qui lui-même les remplace à son gré ; tous les citoyens appelés à collaborer aux lois par leur vote ; quoi de plus juste, et de plus simple, de plus sage et de plus libéral, en théorie !.. Oui, si le suffrage populaire était libre, éclairé, juste.

Pratiqué loyalement, dégagé des étranges abus qui l'entravent et le corrompent, le suffrage universel est une institution excellente en elle-même; c'est certainement la plus belle conquête de la politique moderne, et la monarchie le conservera comme tel, lui demandant non des décrets qu'il ne peut produire, non les nominations de la magistrature inamovible ni des états-majors de l'armée, mais une représentation sincère de tous les intérêts et de toutes les aspirations du pays.

N'avons-nous pas vu les préfets du républicain Gambetta dépasser encore ceux de Bonaparte dans leur ardeur à forcer, c'est-à-dire fausser le suffrage universel? N'avons-nous pas vu *le grand criard sans honte*, comme le nomme dit-on Nostradamus, priver du droit de voter, sans nul prétexte, la majorité de la nation, en choisissant, 1° un jour ouvrable, 2° le chef-lieu du canton, au lieu de la commune, afin que l'éloignement et la privation d'une journée de travail forcent à s'abstenir l'ouvrier de la campagne ? et cela au nom de l'égalité, de la liberté et de la fraternité ! Quelques préfets proposèrent le vote au chef-lieu d'arrondissement ; pourquoi pas à Paris ? Le succès eût été bien plus assuré.

Malgré toutes ces entraves, ces violences, ces faussetés connues et inconnues, le suffrage populaire nomma le 8 février une assemblée en grande partie légitimiste. Ah! il faut voir la fureur des citoyens démagogues contre l'instrument rebelle qu'ils faussent, courbent et torturent, et qui refuse de s'abaisser jusqu'à eux. Les purs l'ont tout simplement condamné à mort; plus de suffrage universel, si le vote n'est pas ce qu'ils ont décidé d'avance; au nom de la sainte liberté, ils commandent, et la nation n'est consultée que pour ratifier et exécuter leurs ordres. Ecoutez les discours de Gambetta, lisez le *Siècle*, lisez les divers *Progrès*, tous ont l'effronterie de vous déclarer que les volontés, les intérêts, les n'importe quoi du *Peuple* sont au-dessus du suffrage universel: le *peuple*, naturellement c'est eux; et ils sont beaucoup moins que le quart de la nation.

Le 2 juillet est venu renforcer la gauche de la Chambre, ce qui prouverait une fois de plus la variabilité des esprits. Mais si l'on considère d'une part, que la fâcheuse abstention des conservateurs fatigués de ces luttes trop fréquentes s'élève à la moitié des inscriptions, qu'ordinairement le bulletin d'un conservateur représente non seulement son opinion individuelle, mais celle de toute une famille et les intérêts qui s'y rattachent, tandis que le plus grand nombre des démagogues se soucient peu de la famille et ne représentent que leur unique individualité; si l'on considère d'autre part, que soumis à une discipline de fer, les démocrates votent en masse la liste commandée, sans même la lire, pas un ne s'abstenant, quelques-uns votant plus souvent qu'à leur tour ; si l'on s'avise qu'avec tous ces moyens, appoints et complaisances, leurs candidats n'atteignent presque jamais au quart des électeurs inscrits, on se fera bientôt l'idée du nombre et de la valeur de la démagogie en France.

J'oserai dire un mot de la qualité des suffrages. Est-il à propos que le suffrage d'un Thiers, d'un Louis Blanc, d'un Mac-Mahon, lorsqu'il s'agit des plus hautes questions politiques, ait tout juste la même valeur que celui du dernier ignorant ou du premier ivrogne venu ? Or, les catégories réunies des ignorants, des ivrognes et des mauvais sujets, forment de beaucoup le contingent le plus nombreux ; et puisqu'en République le nombre seul fait loi, voilà donc en dernière analyse par qui nous serons gouvernés ! Cela se voit du reste.

Pour les affaires municipales, est-il raisonnable que l'homme dès longtemps établi dans le pays, y possédant de fortes attaches, y ayant acquis une considération méritée, l'homme dont le vote représente non seulement des intérêts matériels, mais toute une famille et quelquefois plusieurs, n'ait qu'une voix égale à celle du nomade, du rouleur, qui n'a ni attache au pays, ni famille, ni intérêts à défendre ; qui, représentant son seul caprice, sera demain à cent lieues de cette municipalité qu'il établit ou renverse aujourd'hui ?

Passons sous silence les boîtes à double fond ; la fameuse soupière électorale ; l'histoire de ce maire forgeron qui employait ses petits talents à s'emparer de l'urne en perforant les murs ; oublions les candidatures officielles de conducteurs de cotillons et de généraux d'antichambre, dans des pays qui les ignoraient ; laissons dans l'ombre les listes électorales refaites, surfaites, contrefaites surtout ; le nombre des votants parfois supérieur à celui des inscrits ; détournons-nous de toutes ces farces criminelles ; et ne disons qu'un mot de ce comité ultrà-démagogique, qui au 2 juillet dernier, faisait payer son patronage dix mille francs.

C'est sur un tel suffrage universel que Napoléon le Faux étayait son inébranlable prestige ; celui-là qui manœuvré par sa savante main, lui donna le triomphant plébiscite, quatre mois avant que le peuple assemblé proclamât la république.

Tel il ne sera pas sous le roi de France.

Suppression des Armées permanentes.
La Garde Nationale.

Nous venons d'être témoins de ce que la perte de la discipline peut faire de la meilleure armée du monde. Vingt années de Bonapartisme avaient détruit notre ancienne et admirable discipline militaire, non seulement par la faveur donnée à quelques chefs indignes du respect de leurs subordonnés, mais surtout en traitant le soldat en citoyen, le faisant parfois voter, lui donnant par conséquent accès aux assemblées où l'on s'instruit dans la discussion.

Eh bien, à l'heure actuelle, la Prusse debout sur notre territoire, se tient prête à nous écraser de nouveau au moindre mouvement ; que veulent messieurs les démagogues pour parer à cette éventualité redoutable? Non plus l'armée, qui recouvrant sa discipline, pourrait, mieux dirigée, prendre sa revanche et nous sauver, mais la garde nationale, la Nation armée, disent-ils, qui marcherait ou ne marcherait pas, commandée par la fleur des avocats d'estaminet. Ceux-là du moins ont montré ce qu'ils savent faire, à Marseille comme à Lyon; pour hurler *le Chant du Départ*, promener le drapeau rouge et dévaster les couvents, Garibaldi seul avec ses hordes peut leur tenir tête. Ah! ils auront peur, de Moltke et Bismarck.

Mais, s'écrient les démagogues sensibles, nous abolirons la guerre : plus de batailles, et vive la grande fraternité de toute la famille humaine; donnons seulement l'exemple, et l'on va voir les nations s'empresser à l'envi d'abolir la barbarie d'un budget de la guerre.

Que les moutons, s'avisant un beau jour qu'ils sont de la grande famille animale, congédient chiens et bergers pour témoigner aux loups qu'ils veulent vivre en frères: croyez-vous que les loups les en dissuadent ?

Mais à quoi bon armer la garde nationale, si la guerre étrangère est supprimée? C'est donc pour faire la guerre civile ? Si c'est comme mesure d'économie, elle est fort mal entendue, car il faut les garder eux-mêmes, vos gardes nationaux des villes; ce sont eux qui nécessitent la présence de quinze mille hommes de troupes à Marseille, où, en temps ordinaire, un simple régiment suffit à maintenir parfaitement la tranquillité; de même à Bordeaux, Saint-Étienne, Lyon, etc., etc.

Maintenant d'ailleurs, la suppression des milices citoyennes vient d'être prononcée. On voulait faire un épouvantail de cette profanation contre laquelle toute la France républicaine devait se lever; il n'y a rien eu. Quelques pantalons rouges, placés aux bons endroits, ont immédiatement calmé les ardeurs les plus belliqueuses; chacun rend très-poliment son fusil. Ils respectent l'épaulette régulière, messieurs démagogues, voilà pourquoi ils n'en veulent plus.

On les a peu vus marcher contre les Prussiens. Lors de la mobilisation, il fallut inventer les emplois les plus bizarres au profit des frères et amis, décidés à ne rien perdre, excepté l'honneur; volontiers ils se mettent cent cinquante armés jusqu'aux dents, pour venir souiller une église ou violenter des religieuses : mais dès que deux ou trois hommes de cœur leur font face, ils s'enfuient. A Paris, pendant le siège, Belle-

ville et Montmartre hurlaient toujours : La sortie, la sortie
en masse ! Le malheureux Trochu les connaissait, et quand
la sortie eut lieu, il fallut mettre derrière les bataillons de
Montmartre et Belleville des régiments de gendarmes, qui ne
parvinrent pas à les faire marcher.

L'Assemblée Souveraine

L'Assemblée souveraine émane de la souveraineté du peuple ; c'est là son vice, c'est ce qui lui enlève toute stabilité
« L'homme ne respecte jamais ce qu'il a fait », dit de Maistre :
le peuple souverain a le droit de défaire le lendemain ce
qu'il a fait la veille, et il en use ; de casser ses présidents,
et il le fait. Tout le monde a nommé l'Assemblée et chacun
peut dire : Je ne l'ai nommée que pour qu'elle représente
fidèlement toutes mes idées et n'agisse qu'à ma fantaisie :
elle est mon œuvre , elle me doit obéissance, sinon je la
brise.

Dans ces conditions, quelles traditions nationales conserver ; quelle ligne politique adopter, qu'on soit certain
de conduire jusqu'au bout ; quelle considération obtenir
auprès de l'étranger ; quelles alliances contracter, quand rien
n'est stable à l'intérieur ?

Que parle-t-on de majorité ? Chacun sait comment naissent les majorités et ce qu'elles durent. Seraient-elles par
hasard inviolables ? Toutes les minorités s'acharnent contre
elles ; souveraines aussi, chacune tiraille en tous sens pour
entraver le pouvoir qu'elles s'arrachent tour à tour. Et la
nation *souveraine*, ballotée d'une faction à l'autre, travaillée
par ces petites mais incessantes révolutions, sans boussole,
sans tradition possible, se consume et dépérit faute d'une
ligne droite, faute d'un principe, faute d'un gouvernement

paternel et fort, qui planant au-dessus de la multitude, puisse dire : Je suis la tradition, je suis le principe, je suis le droit fondamental de la France.

'Liberté. — Égalité. — Fraternité (1).

La monnaie de la République de 1848 représentait une tête de femme, les cheveux tressés, une étoile au-dessus, au-dessous le nom du graveur Oudiné, un point entre les mots de la devise : Liberté, Egalité, Fraternité. On l'interpréta ainsi : Liberté point, Egalité point, Fraternité point : des tresses partout; où diner? A la belle étoile. — L'interprétation n'était que trop exacte.

Liberté. — Les libertés que prennent ces messieurs, on les connaît; celles qu'ils laissent consistent à leur obéir ou mourir. Le poète Béranger qui n'était pas dévot demandait :

> Qu'on puisse aller même à la messe.
> Ainsi le veut la liberté.....

C'est celle-là surtout que refusent les démagogues : pour eux, liberté des cultes signifie : mort à tout culte; et à la place ils installent la liberté de la débauche, du désordre en tous genres : témoins leurs cafés-concerts. leurs photographies, leurs écoles laïques, leurs banquets patriotiques, etc.

Paris sous la Commune. dernière expression de l'idée républicaine. n'avait-il pas toutes les libertés possibles? Celles de mourir aux remparts, ou brûlé dans sa maison, ou sur la barricade, ou fusillé n'importe où. Lyon se rappelle combien il était libre et fier sous le drapeau rouge; et Marseille n'oubliera pas les beaux jours d'Esquiros et de ses civiques;

---

(1)   Liberté..... de ne rien faire,
          Egalité ..... dans la misère,
          Fraternité .. de Caïn,

voilà ce que Ledru-Rollin nous promet dans sa circulaire. 1848 ne faisait que promettre ; 1871 a tenu.

la circulation en chemin de fer interdite, les tribunaux fermés, les visites domiciliaires, le télégraphe séquestré. La France perdrait-elle le souvenir de sa splendeur et de ses libertés sous Gambetta ?

Egalité. — Egalité pour tous, moi seul au-dessus: tel est le programme de tout démagogue. Aussi, quelle âpreté aux fonctions, quelle curée de places, de galons, de signes distinctifs, n'importe lesquels ! Que de superbes officiers civiques; que de juges de paix et de suppléants naissant partout! (1) Voyez le personnel supérieur de la préfecture des Bouches-du-Rhône, qui était de trois fonctionnaires sous l'empire, en compter treize sous Esquiros, avec huit cuisiniers; voyez le Carpentrassien Bourdon, de simple pharmacien condamné trois fois, passer général Bordone; voyez le fils de l'épicier génois Gambetta s'engager comme simple dictateur, et, après cinq mois de service, refuser dédaigneusement un appartement qui n'a d'écuries que pour quatre chevaux. (2)

Fraternité. — Deux généraux républicains, Lecomte et Clément Thomas, celui-ci ardent démocrate, sont saisis et fusillés par les frères et amis ; pourquoi? Ils n'en savent rien. Le commandant Arnaud à Lyon, révolutionnaire à tous crins,

---

(1) Rien n'est édifiant comme la morgue des égalitaires, lorsque le hasard les affuble d'une importance quelconque. L'un éloigne sa famille qui ne parle plus assez bien le français; l'autre met une livrée à ses gens avec un chiffre singeant le blason ; il faut voir comme ils reçoivent le pauvre monde et comme il faut leur parler chapeau bas. Qu'un brave manœuvre aille donc maintenant, en habit de travail, inviter l'ouvrier Tolain à boire un coup sur le comptoir, entre camarades!... Etaient-ils assez arrogants et détestables ces petits aristocrates de la démagogie, qui à force d'intrigues se firent nommer *officiers* dans la mobile ! Quant à ceux de la garde nationale sédentaire... ah ! ils furent bons et beaux.

(2) Aux dépens de qui toutes ces orgies? aux dépens de la nation: qui paie? vous et moi. Au lieu d'une liste civile unique qui se répand en œuvres de bienfaisance, vous en avez quelques milliers, très-variables mais encore plus improductives.

pris et fusillé par les frères et amis ; pourquoi ? Un moment d'ennui. Cluseret, Dombrowski et Lullier, frères et amis, combattant ensemble, cherchent mutuellement à se trahir et s'entr'égorger ; pourquoi ? C'est l'usage.

La république est ce qui nous divise le moins. — Les deux grands-prêtres, Mazzini et Garibaldi, se traitent mutuellement l'un de malfaiteur, l'autre d'imbécille. Millière et Rochefort ayant travaillé deux mois ensemble se traduisent mutuellement devant les tribunaux ; Jules Favre et Laluyé se rendent le même service. Bordone, déjà nommé, s'épuise en menaces horribles contre tous ceux qui l'ont vu travailler et parlent de son savoir-faire ; messieurs de la Commune, tous frères et amis, manquant de la moindre confiance entre eux, se trahissent mutuellement chacun à son tour, se subdivisent en comités de noms divers qui tous se font une guerre acharnée ; Rochefort, arrivé à l'Assemblée nationale, écrit : « Cromwell traitait le parlement anglais de parlement-croupion : l'Assemblée nationale actuelle est au-dessous du croupion. » « Ce qui étonne, c'est que Rochefort n'en sorte pas, » réplique Jules Vallès, collègue en démagogie.

Voilà leur fraternité entre eux, frères et amis, la même qu'en 48, 89 et 93. Quelle est donc leur fraternité pour les autres ?

Le dernier mot de la République.

Nous assistons au dernier acte d'une grande et lugubre tragédie. Il s'agit bien en vérité d'une simple question politique, d'une forme de gouvernement ! Ce que nous traversons, c'est la lutte suprême du chaos contre la société, du mal contre le bien, de Satan contre le Christ (1).

---

(1) Le souffle de la révolte est universel et unanime ; l'enfant se soulève contre ses parents, le serviteur contre le maître ; l'ancienne protection du patron pour l'ouvrier est remplacée par la haine féroce de l'ouvrier contre le patron. O fraternité révolutionnaire ; ô progrès !

Qui est-ce qui a ébranlé et brisé tant de sceptres depuis un siècle ? Quel souffle malfaisant agite toutes les populations du globe : de la France, sentinelle trop avancée de la civilisation, à la Chine décomposée ; du Mexique à la Turquie, de l'Angleterre aux Indes : serait-ce seulement le souffle républicain ? Non, c'est celui de la révolte universelle, de la haine contre toute chose établie, contre la société et contre Dieu, auteur de la société. S'il en faut des preuves, elles sont surabondantes ; considérons seulement les principaux agents des commotions révolutionnaires.

Leur premier auteur, avons-nous dit, fut Luther, l'inventeur du libre examen, c'est-à-dire du droit perpétuel à la révolte ; de l'homme abandonné à ses seuls instincts, arbitre suprême entre le vrai et le faux, le bien et le mal : ensuite Voltaire, auteur du mot : Ecrasons l'infâme, l'infâme, c'est le Christ ! et qui mit toutes les ressources de son esprit infernal à traîner dans la boue tout ce qui touche à la religion du Christ.

Les esprits ainsi préparés, la révolution éclate sur la France, la nation chrétienne par excellence ; elle s'acharne avant tout sur le trône du fils aîné de l'Eglise et sur le culte. Le premier empire naît de ce chaos, et plus habile, relève la religion afin de l'asservir et de s'en faire un instrument de politique ; mais il ose mettre la main sur le Pape, et tombe misérablement, comme tous ceux, sans exception qui, avant et depuis lui, ont eu cette témérité.

La Restauration vient apporter un moment de répit à la France et à l'Eglise ; mais déjà le sol est miné par les sociétés secrètes, carbonari et francs-maçons. Favorisés par la Prusse protestante et par l'Angleterre qui se croit invulnérable, ces agents de destruction s'organisent et se développent librement en France et en Italie surtout, sous le sceptre uniquement attentif aux intérêts matériels, de Louis-Philippe ; ensuite, l'instant venu, Napoléon III, leur instrument et leur affidé est jeté sur le trône. Mais quand celui-ci, confiant en la puissance de sa police néglige les atroces serments dont il s'est lié, Orsini et Rudio, ses co-affidés, viennent l'en faire ressouvenir. Alors commence la série de ces complots, ces machinations, ces faussetés, destinés à garotter et assassiner l'Eglise, en ayant l'air de la défendre ; alors s'accomplit, à travers trois douloureuses années, l'inqualifiable expédition du Mexique : alors on paye de notre sang et de notre honneur l'accroissement du Piémont chargé de voler Rome.

Mais la perfidie de Bonaparte est trop lente, trop en dessous : il est usé. L'internationale le jette bas et ne craint plus d'étaler au grand jour ses plans, rédigés par le socialiste russe Bakounine : « L'association se déclare *athée* ; elle veut l'abolition des cultes, la substitution de la justice humaine à la justice divine, l'abolition du mariage. » Les communards qui se sont prudemment enfuis après les désastres de Paris, ont fondé à la Nouvelle-Orléans un journal intitulé : *La Commune, organe radical, socialiste, anti-religieux,* dont voici le programme : « Nous sommes rouges, socialistes, communistes, partageux.... Nous voulons renverser la présente organisation sociale... faire que le capitaliste soit traité de voleur. Nous sommes *athées,* anti-religieux et même plus encore, car nous combattons toutes les institutions qui ont pour point de départ l'hypothèse gratuite d'un Dieu, d'une âme et d'une vie future. A bas la famille ! à bas la propriété ! »

L'athéisme, c'est-à-dire la société jetée sur le globe sans Dieu, sans foi, sans espérance comme sans remords : l'homme réduit à ses instincts pour règle et sauvegarde, n'ayant d'autre souci que la poursuite des jouissances actuelles par toutes les voies, car il n'a pas d'âme, la vie actuelle est tout. L'abolition du mariage et de la famille, c'est-à-dire l'homme sans père

et sans enfants, privé de toute affection, l'humanité composée d'individus isolés, sans aucun lien entre eux. Ils avaient
déjà décrété l'abolition de la propriété et celle de la patrie.

La race humaine réduite à l'état de troupeau, sans Dieu,
sans famille, sans patrie, sans propriété ; eux seuls maîtres de
ce bétail humain : tel est leur plan (1).

L'état de nature, disent-ils ; non, l'abrutissement absolu ;
car, dans l'état de nature, l'homme éprouve instinctivement
le besoin d'un culte quelconque : il n'est pas une peuplade
au monde qui n'adore quelque divinité ; encore moins en
est-il qui renient la patrie et la famille.

La République n'est qu'une étape, c'est la suppression du
roi, père de la grande famille nationale, en attendant l'abolition des autres paternités. Ils se croient près de toucher au
but ; ils seront écrasés avant d'y atteindre ; avant de nous
avoir dévorés, ils se dévoreront eux-mêmes, comme toujours.

La démagogie s'occupe peu des questions religieuses.
Cependant, voyant combien les idées de foi, même engourdies,
sont profondes dans notre pauvre France, ils essayent de
tromper quelques âmes en disant que Jésus prêcha leur démocratie et vécut en républicain.

Oui, le Fils de Dieu voulut naître et passer sa vie au milieu
du pauvre peuple ; oui, il prêcha le mépris des richesses, des
honneurs et des jouissances, que les démagogues poursuivent
avec une telle voracité. C'est bien lui qui a dit : Bienheureux
les pauvres, bienheureux les humbles, bienheureux ceux
qui souffrent, parce que le royaume des cieux est à eux. Les

---

(1) A Montpellier, le professeur Jeannel ayant dans un cours parlé
de la famille, les étudiants démagogues le huèrent. Ces messieurs font
profession de se croire fils de singes et veulent le prouver. Et dire que
de telles intelligences veulent prendre en main le gouvernement de
l'humanité !

démagogues nient le ciel et s'efforcent de faire tout le monde pauvre à leur profit. Le Christ fut miséricordieux envers les pécheurs repentants, il pardonna au bon larron, à la femme adultère ; les démagogues se rient de l'adultère, abolissent le mariage, veulent être larrons de la fortune de tous, mais ne pardonnent rien à personne. Enfin le Fils de Dieu, Dieu lui-même, se soumit à toutes les lois établies, prêchant l'obéissance non seulement au souverain, mais au gouverneur, au plus petit magistrat, en un mot à toute autorité régulière : « Rendez à César ce qui est à César, à Dieu ce qui est à Dieu. » Le César de ce temps, c'était Tibère, le digne émule de Néron en perversité, et grand pontife des faux dieux que Jésus venait abattre. Après le Christ, l'apôtre saint Paul recommande encore la soumission au prince légitime, même païen.

Telle est la démocratie chrétienne, doctrine toute d'amour et d'espérance ; doctrine de la parfaite égalité et de la fraternité vraie, qui rappelle au plus grand qu'il n'est que poussière ainsi que le plus petit ; que, nés du même limon, tous deux sont enfants du même Dieu ; doctrine de la seule liberté, enseignant à tous qu'ils n'ont qu'un seul maître, Dieu, et que nul homme n'a droit de commander aux autres, s'il n'en a reçu mission de Dieu ; doctrine de la bienfaisance, montrant au riche ses devoirs envers le pauvre, commandant au puissant de venir en aide au faible ; doctrine de la saine politique, qui rappelle à tous qu'après une courte existence ici-bas, ils seront éternellement récompensés ou punis selon leurs œuvres.

LA MONARCHIE

« La France demande : 1° le gouvernemen
monarchique et l'hérédité de la Couronne de
mâle en mâle. »

*(L'épouillement des Cahiers à l'Assemblée Natio-
nale de 1789.)*

« Il existait une nation gouvernée par une race
antique de Rois, d'après la Constitution la plus
parfaite qui fût jamais. »

(LAMENNAIS.)

Qu'est-ce que la Monarchie ?

L'unité est la grande loi de la nature ; la variété dans l'unité,
voilà l'admirable spectacle qu'elle nous offre constamment.
La monarchie est le gouvernement de l'unité, c'est donc le
gouvernement le plus conforme aux lois naturelles, par conséquent le plus rationnel, le plus parfait.

L'homme est l'inventeur de la forme républicaine, c'est-à-
dire de la division ; Dieu lui-même a institué la monarchie,
et l'a établie dans la famille, premier type et base de la nation. Le père est le roi, souverain mais non despote, ayant
moins de droits que de devoirs ; il entretient et perpétue la
vie, mais ne crée ni les lois ni les mœurs. Auprès de lui la
mère, la reine, soumise au roi, peu occupée des affaires
extérieures, mais vouée aux choses de la charité et de la ten-
dresse. Ensuite les enfants, les sujets, également aimés et
protégés, chacun concourant selon ses forces et aptitudes à la
prospérité de la famille, en perpétuant les bonnes traditions ;
chacun jouissant de l'épargne et contribuant à augmenter le
capital commun, sans négliger pour cela son capital person-

nel. Ils sont aidés par les serviteurs, qui sont ces nations tributaires, ces colonies lointaines dont la métropole a le droit de tirer un juste tribut, à condition de les protéger et de les instruire.

Cette hiérarchie de la nature, cette base solide donnée à la société par le Créateur, par le destin si l'on veut, ne peuvent être détruites ni par un plébiscite, ni par une assemblée, ni par un coup de force ; toute la famille coalisée ne saurait faire que le père devienne le fils, ou que le rang d'aucun membre ne soit pas son rang ; ils peuvent se révolter, assassiner ; leur révolte, la révolution n'aura rien changé à l'ordre hiérarchique de la monarchie naturelle.

Le gouvernement monarchique est donc non-seulement un principe, mais c'est le premier et le plus naturel de tous les principes gouvernementaux. Aussi, après les secousses et les tempêtes, revient-il comme de lui-même dans toutes les grandes nations. Tandis que les républiques ont été si peu nombreuses et de si courte durée depuis l'origine du monde, la généralité des peuples s'est renfermée dans la forme monarchique. Les sauvages eux-mêmes, ces hommes de la simple nature ont toujours un chef, un roi.

La nature entière est soumise à la grande loi de l'unité ; tous les membres du corps obéissent à la tête, siége de la pensée ; tout notre système planétaire est régi par le soleil, source unique de lumière et de chaleur. Toutes les associations humaines sont aussi ramenées à l'unité : l'atelier, l'usine sont régis par un gérant ou contre-maître ; chaque régiment a un seul colonel, chaque département ou province un gouverneur ou préfet. Tandis que nous voyons le protestantisme, pour avoir repoussé le principe d'autorité, c'est-à-dire d'unité, s'émietter au point de n'avoir plus ni corps de doctrine, ni centre appréciable, après seulement trois siècles d'existence.

le culte catholique, appuyé sur sa forte hiérarchie qui aboutit au Pape représentant du Christ, a traversé dix-neuf siècles sans être entamé.

Pourquoi et comment quelques nations se soustrairaient-elles à cette grande et nécessaire loi, à laquelle tout en elles-mêmes et au-dessus d'elles obéit ? Il faudra donc qu'elles abolissent toutes les monarchies ou unités qui les composent. En effet, une nation est formée de provinces ou départements administrés chacun par un gouverneur, forme monarchique : la province est composée de communes à la tête desquelles un maire, forme monarchique ; la commune se compose de familles, chacune obéissant à la monarchie paternelle. Si donc l'on supprime l'unité du sommet de la nation, il n'y a de motif d'aucun genre pour la maintenir en tête de la province, de l'arrondissement, de la municipalité, de la famille, non plus que de l'armée, du régiment, de la fabrique ni d'aucune administration.

La meilleure base de la monarchie, c'est l'hérédité. De même que, dans une famille, la transmission directe de père en fils conserve avec la fortune les mœurs et l'homogénéité de la race ; comme nous voyons l'Angleterre avoir conservé jusqu'ici l'esprit national qui fait sa grande force, parce que son système de succession maintient la solidité, l'influence et la fortune des familles, et que les familles composent la nation ; ainsi, la dignité royale héréditaire dans la même famille, maintient, avec le prestige qui s'accroît de l'ancienneté même, les grandes traditions, la confiance, les dévouements.

Droit fondamental de la France.

Si la monarchie est le gouvernement de droit naturel, si l'hérédité est la meilleure base du gouvernement monarchique, la forme la plus parfaite de la monarchie héréditaire est celle que consacre notre antique *Loi Salique*, loi primordiale et base de notre droit national français : *La couronne est transmise dans la même famille de l'aîné à l'aîné, à l'exclusion des femmes*. Exclusion des femmes, parce que les Francs savaient que leur royaume était appelé à de hautes destinées, et qu'une race guerrière ne saurait être commandée par des femmes : transmission de l'aîné à l'aîné, pour couper court à toute compétition de famille. Ainsi, tout est prévu ; tout prétexte de secousse est épargné à ce peuple si généreux, mais si remuant ; point d'interrègne, et lorsqu'à la fin de chaque monarque le héraut paraissant au balcon crie : «Le Roi est mort», « Vive le Roi! » s'écrie le peuple ; et ce cri retentit seul d'un bout de la France à l'autre. Si le roi n'a pas de fils, la couronne revient également, sans secousse, sans compétition possible, à son frère, et à défaut de frère à son parent le plus rapproché.

Tel est notre droit fondamental. Et si quelque faction ou parti s'élève contre cette hiérarchie consacrée, ce n'est qu'une individualité, un parti rebelle, qui peut occuper le pouvoir momentanément, mais qui lutte contre les droits de la France et sera bientôt renversé par elle.

Nos ancêtres les Francs, ces rudes adversaires de César, nous ont légué la monarchie héréditaire, et près d'elle la représentation nationale, ce que l'historien Tacite admirait déjà il y a dix-huit siècles : l'élément gaulois y ajouta les franchises municipales dont nous sommes si justement jaloux : le christianisme vint épurer et harmoniser cet ensemble ; et cet admirable gouvernement, *le plus parfait qui puisse exister*, selon l'expression de Lamennais, a traversé les âges recevant un tribut d'envie de tous les autres peuples qu'il vit naître et mourir à côté de lui.

Nos rois furent toujours intimement unis à la nation ; ils étaient les exécuteurs de ses volontés, mais n'avaient pas le pouvoir d'être despotes. Dès les premiers âges, nous voyons le monarque assister aux assemblées générales des Champs-de-Mars, toujours prêts à obéir à leurs délibérations. Les plus pauvres eux-mêmes, nous dit Grégoire de Tours qui écrivait au sixième siècle, les plus pauvres prenaient part à ces assemblées ; là se fixait l'impôt, sa quotité et son emploi : car il est de fondation dans la monarchie française, que l'impôt est voté par le peuple, qui peut toujours en surveiller l'emploi. La loi tout entière, d'ailleurs, est votée par la nation ; le roi la sanctionne et la fait exécuter : « *Lex fit consensu populi et constitutione Regis.* » telle est notre ancienne maxime.

Les assemblées populaires prirent dans la suite le nom de Champs-de-Mai, et en dernier lieu celui d'Etats-Généraux, qu'elles conservèrent jusqu'à la Révolution. Louis XIV, aveuglé par sa grandeur et la prospérité de son règne, eut le tort de délaisser les Etats-Généraux ; ce fut une grande faute et une des causes de la Révolution.

Une nation ne peut pas plus qu'un individu changer les conditions essentielles de sa vie sans se suicider, et le suicide est un crime pour une nation comme pour un homme. La condition essentielle de la vie de la France, c'est la monarchie héréditaire représentative. Pendant quatorze siècles, presque à chaque génération, nos pères qui s'y entendaient au moins autant que les tristes révolutionnaires modernes, ont réaffirmé et proclamé solennellement cette constitution ; ces principes ne sont pas écrits seulement dans toutes nos lois, dans tous nos livres, ils sont « escrits ès cuers de tous les François ! », s'écrie notre vieux Jérôme Bignon.

Lorsque le généreux Louis XVI, voyant s'élever le souffle révolutionnaire voulut consulter son peuple sur les réformes à opérer, il convoqua les Etats-Généraux. Les quarante-quatre mille communes de France délibérèrent pendant trois mois, et rédigèrent chacune un cahier de leurs délibérations.

Du dépouillement, de ces quarante-quatre mille cahiers, librement délibérés et rédigés loin des regards de la police d'un Bonaparte, résulta l'ensemble suivant, proclamé par M. de Clermont-Tonnerre à l'Assemblée nationale de 1789. La France proclame :

1° Le gouvernement monarchique et l'hérédité de la couronne de mâle en mâle ;

2° La personne du Roi est inviolable et sacrée ;

3° Le Roi est reconnu comme dépositaire de la plénitude du pouvoir exécutif ;

4° La responsabilité des agents de l'autorité est généralement demandée ;

5° Le pouvoir législatif appartient à la représentation nationale, sous la clause de la sanction royale ;

6° Le consentement national est nécessaire à l'emprunt et à l'impôt ;

7° La propriété est sacrée ;

8° La liberté individuelle est sacrée ;

. . . .

Toujours les mêmes grands principes qui ont présidé à notre naissance comme nation, nous ont fait traverser triomphants les vicissitudes des âges ; et 89 les proclame pour la centième fois inviolables.

Mais l'esprit du mal avait pris son essor. Peu de jours après cette magnifique déclaration, quelques-uns des députés s'inquiètent et s'irritent ; convoqués par le roi, mandataires de la nation qui vient d'affirmer elle-même ses volontés, ces députés violent leur mandat, et sous l'inspiration du tribun Mirabeau, trahissent à la fois leur roi et leurs commettants, par le fatal serment du Jeu de paume (1). Et voilà inaugurée

---

(1) Le constituant Mounier qui proposa le serment, se reprocha lui-même ensuite d'avoir *trahi ses engagements, d'avoir été un parjure :* « ce fatal serment était un attentat contre les droits du monarque, combien je me reproche aujourd'hui de l'avoir proposé. » (Mounier, *Causes qui ont empêché les Français d'être libres.*)

3

cette longue série de crimes, de désastres et de hontes, d'où la Providence nous fera sortir lorsque nous tournerons enfin les yeux vers Elle.

« Il existait, dit Lamennais, une nation gouvernée par une race antique de rois, d'après une constitution la plus parfaite qui fut jamais et selon des lois que l'on aurait pu croire, à plus juste titre que celles des Romains, descendues du ciel, tant elles étaient sages, pures, bienfaisantes et favorables à l'humanité. Cette nation, célèbre par sa franchise, sa douceur, ses lumières, par son amour pour ses souverains et par la religion à qui elle devait quatorze siècles de gloire et de bonheur, florissait en paix au milieu de l'Europe dont elle excitait l'envie et faisait l'ornement. L'univers admirait en elle la reine de la civilisation ».

Que sont devenus cette admiration et ce respect. ô révolutionnaires?

<hr />

La Mission de la France.

Ce beau royaume de France, avec une telle constitution politique, avec la générosité du caractère de ses enfants, son enthousiasme pour le bien et pour le beau, parlant une langue que son euphonie et sa précision ont fait adopter pour la langue diplomatique du monde entier; possédant un territoire dont Strabon a dit qu'il suffirait seul à prouver une Providence; jouissant d'un climat admirable dans une merveilleuse situation géographique ; cette nation a-t-elle reçu tant de dons pour n'en rien faire ?... Qui pourrait le croire ?

Il sera beaucoup demandé à qui a beaucoup reçu, dit l'Esprit-Saint, et la France paye maintenant pour la mission qu'elle avait reçue et qu'elle a cessé de remplir. Cette mission, l'évêque saint Remy la lui signifia dès l'an 494, lorsque baptisant le premier de ses rois, Clovis, l'époux de Clotilde, il lui dit : « Apprenez, mon fils, que le royaume de France est prédestiné par Dieu à la défense de l'Eglise romaine qui est la seule véritable Eglise du Christ. Ce royaume sera un jour grand entre tous les royaumes de la terre, embrassera toutes les limites de l'empire romain et soumettra tous les autres royaumes à son sceptre. Il durera jusqu'à la fin des temps ; il sera victorieux et prospère tant qu'il restera fidèle à la foi romaine et ne commettra pas un de ces crimes qui ruinent les nations ; mais il sera rudement châtié toutes les fois qu'il sera infidèle à sa vocation. »

Le vénérable Bède, au septième siècle ; Hincmar, archevêque de Reims au neuvième ; Vincent de Beauvais, Gerson, Godefroy de Viterbe et cent autres ont connu et transcrit cette révélation prophétique ; dira-t-on qu'elle soit controuvée et n'ait pas été justifiée ? On peut dire au contraire qu'elle fut le programme de notre histoire. « Il n'y a qu'à ouvrir l'histoire, remarque l'illustre comte de Maistre, pour voir que le *châtiment* envoyé à la France quand elle est coupable contre Dieu ou l'Eglise sort de toutes les règles ordinaires, et que la *protection* accordée à la France en sort aussi. Ces deux prodiges réunis se multiplient l'un par l'autre, et présentent un des spectacles les plus étonnants que l'œil humain ait jamais contemplés. »

N'est-ce pas, en effet, quelque chose de merveilleux que cette inébranlable fidélité de la France à la vraie foi ? Elle a justifié ce proverbe de nos pères : *Gesta Dei per Francos*, Dieu agit par les Français. De la France sont parties ces croisades lointaines, qui au prix d'immenses souffrances et des plus grands périls, arrachèrent aux mains des infidèles le tombeau du Fils de Dieu. De la libéralité de la France, l'Eglise tenait ce domaine temporel nécessaire à son indépendance spirituelle ; Pepin le Bref et Charlemagne le lui avaient constitué, un

César anti-français l'a livré à notre ennemie l'Italie. C'est la France qui repoussa l'envahissement de la barbarie musulmane en Europe : la France, à elle seule, fournit la presque totalité de cette légion de missionnaires, qui vont sous toutes les latitudes chercher le martyre en évangélisant les peuplades ignorantes et sauvages ; la France, patrie des saint Remy, Vincent de Lérins, Louis IX, Martin de Tours, Bernard, Vincent de Paul, François-Xavier ; des Clotilde, des Geneviève, des Chantal, des Germaine, des Jeanne d'Arc, des Salvien, Genebrard, Massillon, Bossuet, Ravignan, Lacordaire ; de ces milliers de grands noms, en un mot, qui en enfantaient d'autres, tous travaillant d'un même zèle au bien de l'humanité et à la gloire de son auteur. Ce n'est pas sans raison qu'elle se glorifie de son titre de fille aînée de l'Eglise : jamais l'hérésie, c'est-à-dire l'infidélité à l'enseignement de l'Eglise, ne put prendre dans son sol que des racines éphemères, tandis qu'elle s'implantait profondément en Allemagne, en Angleterre, en Russie, en Suède, en Hollande, et au dehors de notre continent.

Avec la foi, la France était chargée de répandre aussi dans le monde la civilisation qui l'accompagne, les sciences, les arts, la littérature, la saine philosophie, la politesse et les douces mœurs ; longtemps elle fut fidèle à cette mission ; nos illustrations littéraires, nos savants, nos artistes rendirent le monde leur tributaire. Mais lorsque, après tant de siècles, l'esprit d'erreur eut pénétré dans son sein, lorsque, oubliant sa double mission chrétienne et civilisatrice, la France en vint à commettre *un de ces crimes qui ruinent les nations*, un lugubre bandeau tomba sur ses yeux ; le sang du juste Louis XVI criait vengeance, les Napoléons s'emparèrent d'elle ; ils osèrent, en son nom, porter l'un et l'autre la main sur le trône de la chrétienté, rabaissant ainsi au rôle de Judas la fille aînée de l'Eglise. Dès lors la coupe déborda ; autant le scandale avait été grand, autant l'expiation devait être terrible. Plaise à Dieu que la statue de Voltaire qui trône dans Paris n'en soit pas l'arrêt de mort !

Il n'en est pas des nations comme des individus, pour qui la justice divine, qui a l'éternité pour elle, se manifeste rarement dès ce monde. Si grandes que soient les vertus, si criminelles que soient les fautes individuelles, le châtiment et la récompense sont ordinairement réservés ; car la justice immédiate exigerait une continuité de prodiges, qui d'une part, entraverait le cours des lois naturelles, de l'autre, serait un obstacle à la liberté de l'homme de choisir entre le bien et le mal, c'est-à-dire au mérite. Mais si chaque homme est certain de trouver pleine et absolue justice dans son éternité, les nations, qui n'ont point d'éternité ni d'âme personnelle, doivent trouver en ce monde le châtiment ou la récompense de leurs crimes et de leurs mérites en tant que nations. La France est flagellée la première, parce qu'elle est plus coupable, ayant reçu des dons plus magnifiques et abusé d'une plus haute mission ; l'Italie va expier terriblement la série de ses forfaits contre ses princes légitimes et contre l'Eglise. La Pologne avait péché comme la France, la Russie fut son bourreau, comme la Prusse a été le nôtre ; l'une et l'autre, coupables instruments des colères divines, seront frappées à leur tour ; et l'égoïste Angleterre, qui se croyant à l'abri de toute atteinte, semait le poison sur le monde pour en hériter, déjà tremble se sentant atteinte elle-même.

La Famille de France

A une nation telle que la France, ayant tant reçu pour remplir un si grand rôle, il fallait des chefs dignes d'elle : ils ne lui ont pas manqué. Quelle généreuse, quelle splendide race que celle de nos monarques !

« Il s'est rencontré une famille royale aussi ancienne que la terre des Gaules, aussi vieille que les forêts de la Germanie. Elle s'est incarnée dans la France, et la France, pour payer sa dette, s'est incarnée dans Jeanne d'Arc. Dans ses mains, l'épée de César est devenue la francisque de Tolbiac et le Labarum de Constantin, l'oriflamme de saint Denis. Toute gloire intellectuelle et politique a procédé d'elle pendant quatorze cents ans; elle a donné l'essor à la civilisation, aux libertés, aux franchises, et la loyauté a pris son nom; elle a triplé de ses fleurs de lis la couronne de Pierre, et Pierre l'a appelée sa fille aînée. Elle a créé le domaine des Papes, comme elle a créé le domaine des Francs; elle a chassé les Sarrasins de l'Occident et évangélisé l'Allemagne. Ceux de cette maison ont combattu, la croix sur l'épaule, à Ptolémaïs, à la Massoure; ils ont rendu justice sous un chêne et sont morts sur la cendre. Ils furent à Bouvines et à Marignan, comme à Crécy et à Poitiers, et l'histoire ne peut se décider à choisir entre leurs victoires signalées et leurs défaites triomphantes; trente-deux princes de leur sang, depuis saint Louis, ont été tués sur le champ de bataille !... Six par siècle. Ils ont fait la religion, les arts de la patrie. De l'Atlas à l'Escaut, des bords du Jourdain aux rives du Saint-Laurent, de Pondichéry à Constantinople, nos frontières, nos colonies, nos missions racontent son nom. Elle a commencé par Tolbiac et fini par Alger. Rassasiée de toutes les gloires, ayant eu des Charlemagne, des Philippe-Auguste, des saint Louis, des François Ier, des Henry IV et des Louis XIV, il lui fallait un martyr, et Louis XVI monta sur l'échafaud, les mains liées derrière le dos. » (Pce Henri de Valori) .

Notre race royale a fourni cent quatorze souverains, non-seulement à la France, mais aux Espagnes, à la Hongrie, au Portugal, à la Sicile, à Constantinople, aux Indes. Les peuples les firent leurs comtes, ducs, rois, empereurs; et le burin de l'histoire a gravé à côté de leurs noms, les surnoms d'auguste, grand, saint, courtois, hardi, sage, victorieux, vaillant, fort, débonnaire, cœur-de-lion, bel, bien-aimé, martyr, père des lettres, père du peuple... Si le roi le savait ! telle était l'exclamation du malheureux molesté par son magistrat ou par son seigneur : et quand le roi savait l'injustice, elle était tôt réparée. Connaissait-il l'amour de son peuple, le grand Louis XIV, lorsque la fortune s'acharnant contre ses armes il écrivait à Villars · « Monsieur le maréchal, je vous confie ma dernière armée ; si vous êtes vaincu, écrivez-le-moi, mais écrivez à moi seul ; votre lettre à la main je parcours les rues de Paris, j'appelle mon peuple autour de moi, et tous nous allons combattre et mourir ensemble. » Il savait aussi combien ses soldats l'aimaient, le bon Henri IV, quand il leur criait s'élançant au plus fort de la mêlée : « Suivez mon panache blanc ! »

Ah ! sans doute ils eurent des fautes personnelles ; quelques-uns ont été coupables ; tombant de si haut, la chute fut retentissante. Ils ont eu des revers ; c'étaient des hommes. Mais quel ensemble merveilleux d'honneur, de vertus guerrières, de générosité, de bonté, de puissance et de gloire ! « Quand il n'y aurait en France que cette maison de France dont la majesté étonne, encore pourrions-nous, en fait de gloire en remontrer à toutes les nations, et porter un défi à l'histoire. Les Capet régnaient, alors que tous les autres souverains étaient sujets. » (Chateaubriand.)

Parmi les trente-cinq rois qui remplissent la longue période de Hugues Capet à la révolution, il n'en est pas un qui n'ait fait faire quelques progrès à la civilisation, aux libertés publiques ou à la grandeur nationale. La féodalité qui divisait la nation et étouffait le peuple, fut combattue et détruite par eux ; ils ont affranchi les communes ; ils ont fait la France en entier, se sont identifiés avec elle ; ils n'ont vécu que pour elle et la France a vécu par eux. Ouvrons l'histoire :

Robert le Fort, tige de nos Capétiens, reçoit en patrimoine, en 861, le duché de France dont les ancêtres portaient déjà le nom. Ce premier noyau comprenait l'Ile-de-France, l'Orléanais et la Picardie.

Philippe Ier acquiert de ses derniers personnels le Berry, et l'ajoute au duché de France, en 1110.

Louis VII affranchit les communes.

Philippe-Auguste, son fils, victorieux des Allemands à Bouvines, conquiert sur les Anglais la Normandie et la Touraine, jardin de la France. Il se croise et prend Saint-Jean d'Acre. Il favorise le commerce, fait fleurir les lois, embellit Paris, et le premier, fait paver les rues. Il acquiert l'Artois par son mariage.

Saint Louis IX entreprend deux nouvelles croisades, consolide les récentes conquêtes de son père Louis VIII ; vainqueur à Taillebourg et à Saintes ; fondateur de la Sorbonne, des Quinze-Vingts ; rend la justice sous le chêne de Vincennes ; arbitre choisi dans les démêlés des autres souverains ; résiste à quelques prétentions injustifiées du Saint-Siége.

Philippe le Hardi conquiert le Languedoc.

Philippe VI le Bel, acquiert le Dauphiné, dont les héritiers du trône adoptèrent le nom ; son mariage nous donne la Champagne ; il conquiert une partie du Languedoc ; appelle le Tiers-État aux États généraux.

Louis X affranchit les serfs de la couronne, et les vassaux des seigneurs non encore vaincus accourent en foule trouver la liberté sur les terres du roi.

Charles V acquiert l'Angoûmois, le Limousin, l'Aunis et la Saintonge.

Charles VII, malgré les malheurs qui l'accablent, soutenu par Jeanne d'Arc et Dunois, est victorieux à Formigny : il conquiert la Guyenne, la Gascogne et le Périgord.

Louis XI abaisse encore la féodalité ébranlée par ses prédécesseurs, et, sans verser une goutte de sang, par sa diplomatie, ajoute à la France la Provence et l'Anjou.

Louis XII diminue de moitié les impôts et conquiert le titre de *Père du peuple.*

Charles VIII nous donne la Bretagne.

François Iᵉʳ apporte la Marche, l'Auvergne et le Bourbonnais. Vaincu par Charles-Quint à Pavie, il écrit ce simple mot : « Tout est perdu, fors l'honneur ! » Père des arts et des lettres, c'est de lui que date la Renaissance.

Henri IV nous donne le Béarn et le comté de Foix, héritage de ses pères ; ensuite la Navarre et l'Armagnac. Obligé de conquérir son trône que lui dispute l'ambition des Guise, « il est de ses sujets le vainqueur et le père, » dit Voltaire. Il encourage l'agriculture ; auteur du vœu de la *poule au pot*; type le plus parfait de l'honneur chevaleresque uni à la verve gauloise. « Le plus profond et le plus attrayant des hommes, » a dit M. Thiers.

Louis XIII acquiert par traité l'Auvergne ; conquiert sur les Espagnols le Roussillon et sur les Allemands l'Alsace, cette province devenue si française sous nos autres rois, qu'il a fallu un Bonaparte pour nous l'arracher. Louis XIII détruit les restes de la féodalité.

Louis XIV, le grand roi, en qui se résument toutes les splendeurs de la monarchie ; il s'avance entouré d'une pléiade d'hommes illustres dans tous les genres d'illustrations, qui, loin d'effacer sa grandeur, la rehaussent encore. Il consolide les conquêtes de Louis XIII, y ajoute la Flandre, la Franche-Comté, le Nivernais.

Louis XV nous donne la Lorraine et la Corse.

Louis XVI crée une marine formidable, et porte un coup terrible à l'excessive puissance de l'Angleterre en protégeant le Nouveau-Monde.

Avaient-ils grand tort nos Bourbons quand ils disaient : La France, c'est moi ?.. Ils en portaient le nom avant elle-même ; ils la firent ce qu'elle fut jusqu'en 1789 ; ils s'étaient tellement identifiés avec elle, qu'un roi de France n'eut jamais de fortune à lui ; les dots même de leurs femmes tombaient naturellement dans le domaine de la nation, qui s'enrichissait ainsi à chaque règne. Et quand arrivèrent les jours de malheur, Louis XVI manquait de la somme nécessaire pour passer à l'étranger ; quelques fidèles réunirent à grand'peine moins d'un million pour son absence projetée.

Le dernier des Condé mourant voulait laisser sa fortune à son parent le jeune duc de Bordeaux ; la duchesse de Berry s'y opposa : « Mon fils devant être roi de France n'a pas besoin d'argent, dit-elle, *donnez-le à ces bons d'Orléans.* » La fortune ainsi refusée était de huit millions de rentes ; elle est passée au duc d'Aumale.

Napoléon le Faux est entré en France ayant deux cents mille francs de dettes, il a régné dix-neuf ans et est parti emportant quatre cents millions. — Louis-Philippe, usurpant le trône, fit donation à ses fils des biens composant sa grande fortune, afin que ces biens n'entrassent pas dans le domaine national. Voilà les souverains illégitimes ; comparez !

Arrivant après les désastres de la première révolution et les vingt années de guerres du premier empire, la Restauration pansa nos plaies et sauva une partie de notre territoire menacé. En cinq années, Louis XVIII eut payé nos dettes, indemnisé ceux des Français qui avaient le plus souffert, équilibré le budget et reconquis avec son prestige la prépondérance de notre patrie.

Charles X vint ensuite nous donner la magnifique colonie Africaine, que d'indignes successeurs ont pris plaisir à compromettre. Sa seule diplomatie allait nous obtenir encore la Belgique, lorsque l'usurpation de Louis-Philippe arrêta ce nouveau bienfait.

Quelques Français encore demeurent, de ceux qui ont vu nos deux derniers rois légitimes ; qu'on invoque leurs souvenirs. Comment régnaient-ils, nos Bourbons ? Comment leurs peuples les appréciaient-ils ? Ecoutons le républicain Carnot : « Le retour des Bourbons produisit en France un enthousiasme universel. Ils furent accueillis avec une effusion de cœur inexprimable. Les anciens républicains partagèrent sincèrement les transports de la joie commune... Il ne se trouvait personne qui ne fût réellement dans l'ivresse. » (Cité par Chateaubriand, *Mémoires d'Outre-Tombe.*) — Davoust écrivait auparavant à Fouché : « Nous devons rappeler Louis XVIII. J'ai vaincu mes préjugés; la plus entière conviction m'a prouvé qu'il n'y a point d'autre moyen de sauver la patrie » (1). « Nous montrerons l'histoire à la main, que de tous les régimes qui ont eu la prétention de donner la liberté à la France, la monarchie constitutionnelle sous Louis XVIII et Charles X a seule tenu parole. » (*Débats*, septembre 1832.) « Pour être forts contre ce qui est mal, soyons vrais pour ce qui est bien; reconnaissons qu'à aucune époque, sous aucun règne, sous aucune forme de gouvernement, la France n'a été aussi libre qu'aujourd'hui. » (Benj. Constant, *Principes politiques.*)

---

(1) Après Sedan, le même cri de vérité échappa à un autre adversaire dans la dernière séance du Corps législatif impérial, le 4 septembre 1870, M. Estancelin, chef du parti orléaniste, s'écriait : « Maintenant, il n'y a plus qu'une voie de salut pour la France, c'est Henri V. » (Voir l'*Officiel.*) Dans la situation où nous sommes, sont-ce des régimes de hasard, des demi-moyens, des empiriques, qui peuvent nous sauver ? Voyez à quoi aboutit l'habile M. Thiers.

L'Empereur de Russie, lorsqu'il apprit l'exécution de Louis XVI, l'annonça à sa Cour par ces seuls mots : « Messieurs, le Roi est mort ! » Le Roi, pour le monde entier, monarques et sujets, c'était notre Roi à nous, Français ; les autres étaient des rois particuliers.

Louis XVIII, rentrant de l'exil dans son pays vaincu, écrasé par vingt années de révolution et d'empire, arrive à son château de Versailles, pauvre, sans armée, sans suite, en habits bourgeois ; et les monarques coalisés qu'il y trouve victorieux, avec leurs suites orgueilleuses, dans leurs costumes splendides, se courbent humbles et lui font escorte à travers les longues galeries. Le Roi a paru, les autres souverains s'effacent.

Tels étaient nos rois ; telle ils avaient fait leur France, grande, prospère, heureuse, admirée et respectée de l'étranger qui nous enviait.

Et depuis !... Qu'en ont fait les trois républiques ? Qu'a fait pour elle l'usurpateur Louis-Philippe ? A quoi ont servi les massacres du premier Napoléon, et les ignominies accumulées de l'autre ?... (1)

---

(1) Le budget des dépenses sous la Restauration, de 1815 à 1830, variait entre 900 et 970 millions. (La Restauration avait à liquider la succession de 1793, des guerres du premier empire et de l'invasion.)

Le budget de la République 1851, dépasse 1,500 millions ; en pleine paix.

En 1870, le dernier budget de Bonaparte, fils légitime de la révolution, atteint 2 milliards 230 millions.

La guerre si bien commencée par Bonaparte, si bien continuée à *outrance* par Gambetta, suivie de la guerre des rues par la commune, nous vaut un déficit de quatorze milliards ! Qui est-ce qui supportera le poids de ce fruit de la révolution ? Le peuple tout entier : nous blancs, et vous aussi, rouges.

HENRI V

« Le comte de Chambord, l'homme le plus intelligent de son parti, qui certes ne manque pas d'hommes d'intelligence. »

(*Le Constitutionnel, journal officieux de l'empire.*)

« Chef de cette maison de Bourbon, qui avec l'aide de Dieu et de vos pères, a constitué la France dans sa puissante unité, mieux qu'à tout autre il m'appartient d'en réparer les désastres,

« Je suis et je veux être de mon temps.

« Comment tolérerais-je des priviléges ?

« Je ne suis point un parti, et je puis choisir partout les ouvriers qui voudront s'associer loyalement au grand travail de la fortune de la France.

« Je ne ramène que la religion, la concorde et la paix.

« Henri V ne peut abandonner le drapeau blanc de Henri IV. »   (LE COMTE DE CHAMBORD.)

Les droits et les devoirs de Henri V.

Le Comte de Chambord, primitivement appelé duc de Bordeaux et maintenant Henri V, est le descendant direct et l'unique héritier de nos rois. Il a sur la couronne de ses pères les mêmes droits que tout fils unique a sur l'héritage paternel ; elle lui appartient comme mon champ est à moi, comme vos instruments de travail vous appartiennent. Mais l'héritier ordinaire peut abdiquer ses droits ou dissiper sa propriété ; l'héritier du trône ne le peut pas, à cause des immenses devoirs qui lui incombent. « On abdique un droit, on n'abdique pas un devoir, » a dit le comte de Chambord lui-même.

Ici, distinguons : la couronne, le trône, le sceptre, c'est-à-dire la dignité royale, le droit d'être sur le trône de France sont à lui, mais non la France, non les populations, ni les fortunes particulières, ni le sol ; il est le gérant attitré du domaine appelé France, chef légitime et nécessaire des travailleurs qui exploitent ce domaine; mais domaine, gérant et travailleurs n'appartiennent qu'à Dieu. Henri V est roi de droit divin. La monarchie du droit divin n'est pas autre chose en effet, que celle qui, basée sur la justice, établie sur les lois nationales, reconnaît Dieu comme auteur de son bon droit. Le malheureux Victor-Emmanuel, voleur malgré lui du Saint-Siége, voleur volontaire des trônes de deux de ses parents, n'en est pas moins roi de droit divin des Etats de ses pères, le Piémont; et le Pape, quoique dépouillé de fait, n'en demeure pas moins roi de droit divin des domaines que les rois de France concédèrent en don gratuit à l'Eglise, il y a plus de mille ans.

Henry V connaît tous ses devoirs; leur poids ne le fait pas reculer, et il est de trempe à les accomplir. Un roi qui sait qu'il aura à rendre à Dieu autant qu'à la nation un compte inflexible, n'offre-t-il pas plus de garanties que le César arrivé par la seule grâce de l'émeute, et qui règne comme il est venu, n'ayant que lui-même pour principe et pour fin?

Les souverainetés sont donc immuables, dira-t-on, et rien ne pourra jamais soustraire un peuple à une dynastie qui serait devenue indigne? Non, rien en ce monde n'est immuable ni éternel, et les dynasties peuvent quelquefois changer légitimement. L'homme s'agite, Dieu le mène et se sert de ces agitations pour opérer ses volontés, sans recourir trop souvent aux prodiges, ainsi que le voudraient bien des gens. Dieu saura toujours éloigner une dynastie indigne, marquer que son temps est passé, et montrer manifestement ce qui doit en prendre la place. En est-il ainsi de nos Bourbons?

Sans doute la protection du ciel s'est manifestée visiblement en faveur de nos rois, plus souvent que pour les

autres ; la révélation de saint Remi à Clovis, la mission de
Jeanne d'Arc, la naissance de Henri V, sont au-dessus des
événements naturels ; mais cette protection visible n'est pas
fréquente. Clovis, le premier roi, ne descendit pas tout cou-
ronné du ciel ; il fut élu et proclamé roi par le libre choix de
son peuple ; après lui, son fils Clotaire fut appelé au trône,
ensuite le fils de celui-ci. La dynastie ainsi inaugurée, elle
se perpétua sans complot, sans surprise contre les droits
de la nation, qui lui renouvelait volontairement son mandat.
C'est ce pacte qui, déjà consacré par la loi salique, proclamé de génération en génération, est devenu, par la consé-
cration des siècles, par les services rendus et l'expérience
faite, le droit fondamental de la France qui l'acclamait encore
en 1789. Ainsi s'établissent les droits de ce monde, ainsi s'acquiert la propriété. Pour avoir le droit de le détruire aujour-
d'hui, il faudrait : 1° que la race de nos rois fût éteinte ;
2° montrer ce qui est manifestement destiné à les remplacer.
Prétendre que cette race a démérité, quel homme l'oserait !
Quant à soutenir que notre malheureuse patrie se soit mieux
trouvée des diverses tentatives de gouvernement qu'elle a
faites pour remplacer ses rois, les ruines fumantes des Tuileries seraient là pour répondre.

Mais poursuit-on : *La loi salique* a été violée deux fois :
d'abord par la substitution de la race Carlovingienne à la race
Mérovingienne, et secondement par la substitution des Capétiens aux Carlovingiens ; donc, elle n'existe plus.

On répond : 1° qu'une loi ne cesse pas d'exister parce qu'on
lui aura désobéi ; ce mode d'abrogation serait pas trop aisé ;
2° la substitution Carlovingienne n'a pas été une désobéis-
sance de nos aïeux à la loi Salique, mais simplement l'effet
de la conquête. Les Francs Austrasiens, qui n'avaient pas
la loi Salique, ayant conquis les Francs Neustriens, substi-
tuèrent leur système de monarchie élective à notre monar-

chie héréditaire. Mais cette monarchie élective étant naturellement peu viable, les conquérants eux-mêmes, au bout de peu de temps, se rangèrent à la loi Salique ; et le dernier roi Carlovingien, Louis V, reconnut par testament les droits de Hugues Capet, fondateur de la dynastie actuelle. Or, Hugues Capet descendait lui-même de la race Mérovingienne ; donc : 1° la loi Salique, interrompue pendant un espace d'environ deux siècles, n'a jamais été abrogée : 2° Henri V a pour lui, non-seulement ses droits de Capétien, remontant à neuf cents ans, mais ses droits de descendant de la race primitive de Mérovée, remontant à quatorze cent quarante ans.

Est-il au monde une famille souveraine qui ait des titres pareils?

Mais, ajoute-t-on encore : Nous ne sommes pas liés par les engagements de nos pères; ils n'avaient pas le pouvoir d'engager la postérité. — Par conséquent, si votre débiteur vient à mourir, votre créance est perdue ; car, d'après vous, le fils n'est pas lié par les engagements du père, lequel n'avait pas le pouvoir de l'engager. Voilà qui arrangera les affaires et le commerce !

Pour nous délier d'avec nos Bourbons, il faudrait commencer par leur restituer tous leurs biens patrimoniaux, qu'ils ont toujours abandonnés au peuple, il est vrai, mais sans en faire donation pardevant notaire. Les dots territoriales apportées par leurs femmes, et qui leur appartiennent bien légitimement, formeraient déjà une bonne partie de la France. La seule branche cadette des Orléans aurait à reprendre la bagatelle de huit cents millions, et un journal leur prête l'intention de les réclamer ; comme cela viendrait à propos dans les circonstances présentes! Quant au comte de Chambord, personne n'osera jamais lui prêter d'intention de ce genre; il a passé sa vie pauvre comme prince, il arrivera pauvre au trône, ne réclamant rien autre que de travailler enfin de toutes ses forces et de toute sa grande âme, à guérir promptement les plaies que d'autres ont faites à sa patrie.

Remarquons en passant, que ceux qui refusent à nos pères le droit d'engager leur postérité, veulent du même coup engager à jamais nos descendants envers la république : république de droit divin, république qu'ils mettent au-dessus du suffrage et de la volonté universelle, qui, en effet, ne lui sont pas favorables. Ils condamnent la France à la république à perpétuité, quand actuellement même *bien moins du quart des Français* sont républicains : et dans ce nombre, il faut compter tous les habitués du bagne et d'autres établissements similaires.

Le Comte de Chambord est-il à la hauteur de sa mission ?

Le comte de Chambord connaît ses devoirs bien plus encore que ses droits. La charge serait écrasante pour tout autre, et l'ambitieux assez téméraire pour l'assumer sans mandat y succomberait promptement, n'ajoutant qu'un degré de plus aux abîmes creusés : lui, roi légitime, appuyé sur son bon droit, se sachant en paix avec Dieu, n'ayant que des intentions pures, assumera cette responsabilité, sans présomption comme sans terreur. Après tant d'instruments de colère, il sera l'instrument de la miséricorde (1).

---

(1) Il manque d'énergie, dit-on, et il nous faut une volonté puissante servie par un bras fort. ... Demandez à ceux qui l'ont approché s'ils croient faibles cette âme et ce bras. Son seul regard, si bienveillant d'ordinaire, lorsqu'il a sujet d'être mécontent trouble les plus fiers et fait reculer les plus décidés. Il ne fera jamais ni échauffourée ni coup d'État, tout cela est indigne de lui ; il ne s'imposera pas ; la France qui commence à le bien connaître, l'appellera, c'est certain. Alors, et pour longtemps, les bons pourront se rassurer, et les méchants trembler s'ils ne s'amendent.

Depuis quarante ans, sa vaste intelligence étudie sans relâche tous les problèmes sociaux ; il les a tous approfondis, fouillés jusque dans leurs combinaisons dernières, assisté en cela par les hommes les plus compétents, que son instruction étonne. Il a lu *chaque jour de sa vie* les principaux journaux et tous les livres marquants de toute opinion, Français et étrangers, car il parle presque toutes les langues de l'Europe. Il a étudié spécialement et à fond, la question ouvrière, l'organisation du travail, et dès 1865, avant la naissance de l'Internationale, alors que nos hommes d'État s'endormaient dans une fausse sécurité, il appelait leur attention sur cette question si grave, et pour lui déjà résolue. En 1866, lui qui n'avait jamais touché le sol de la France, il a pris part à l'enquête agricole par des lettres que les sociétés savantes ont admirées.

Il a étudié la question des réformes militaires, et avait signalé les vices de notre organisation, bien avant la fatale expérience qui vient d'ouvrir les yeux à tous. Il a visité presque tous les champs de bataille modernes, toujours accompagné des officiers les plus instruits. Longtemps avant les hurleurs de la république, il avait pris l'initiative d'un sérieux mouvement de décentralisation administrative ; lui-même et ses amis écrivirent des ouvrages qui forcèrent la main de fer de Bonaparte à s'entr'ouvrir. Son instruction est complète sur tout ce qui touche à la législation, à l'économie sociale et politique ; son expérience diplomatique est consommée.

Quoiqu'il fréquente peu les Cours étrangères, tous les souverains connaissent et consultent souvent son intelligence et sa science politiques. Bismarck notre mortel ennemi, qui a passé sa vie à préparer les moyens d'écraser la France, qui, avant de nous faire une atroce guerre ouverte, avait lancé sur nous l'Internationale, qui a ensuite soutenu l'insurrection communarde et payé les pétroleuses, Bismarck vient de déclarer publiquement qu'il *accepterait en France toute espèce de gouvernement, mais jamais Henri V ;* c'est-à-dire le maintien de l'anarchie sous n'importe quelle forme, mais jamais la fin de nos maux.

Laissons parler notre Roi lui-même ; quelques mots de lui suffiront à dévoiler son cœur et son génie ; nous le verrons ensuite jugé par des indifférents et par ses adversaires, avant d'entendre quelques-uns de ses amis qui le connaissent plus à fond.

Il écrivait le 1er septembre 1870 : « Nous devons à notre patrie toute notre énergie, notre fortune, notre sang. La vraie mère préférait abandonner son enfant plutôt que de le voir périr ; j'éprouve ce même sentiment, et je me dis sans cesse : Mon Dieu, sauvez la France, dussé-je mourir sans la revoir ! »

Manifeste du 9 octobre 1870 :

« Français !

« Vous êtes de nouveau maîtres de vos destinées.

« Pour la quatrième fois depuis moins d'un siècle, vos institutions politiques se sont écroulées, et nous sommes livrés aux plus douloureuses épreuves.

« Durant les longues années d'un exil immérité, je n'ai pas permis un seul jour que mon nom fût une cause de division et de trouble ; mais, aujourd'hui qu'il peut être un gage de conciliation et de sécurité, je n'hésite pas à dire à mon pays que je suis prêt à me dévouer tout entier à son bonheur....

« Chef de cette maison de Bourbon, qui avec l'aide de Dieu et de vos pères, a constitué la France dans sa puissante unité, je devais ressentir plus profondément que tout autre l'étendue de nos désastres, et plus qu'à tout autre, il m'appartient de la réparer.....

« Je vous le disais naguère : Gouverner ne consiste pas à flatter les passions des peuples, mais à s'appuyer sur leurs vertus.....

« Pénétré des besoins de mon temps, toute mon ambition est de fonder, avec vous, un gouvernement vraiment national, ayant le droit pour base, l'honnêteté pour moyen, la grandeur morale pour but. »

Quel Français n'a pas, retentissant encore au fond de l'âme, ce cri de douleur arraché par le bombardement de Paris :

«..... Qui parlera au monde si ce n'est moi, pour la ville de Clovis, de Clotilde et de Geneviève, pour la ville de Charlemagne, de saint Louis, de Philippe-Auguste et de Henri IV, pour la ville des sciences, des arts et de la civilisation !...

« Non ! je ne verrai pas périr la grande cité, que chacun de mes aïeux a pu appeler : *Ma bonne ville de Paris.*

« Et puisque je ne puis rien de plus, ma voix s'élèvera de l'exil pour protester contre la ruine de ma patrie ; elle criera de la terre au ciel, assurée de rencontrer la sympathie des hommes, en attendant tout de la justice de Dieu. »

Lettre manifeste du mois de mars 1871 :

«..... Vous vivez, me dites-vous, au milieu d'hommes de tous les partis, préoccupés de savoir ce que je veux, ce que je désire, ce que j'espère.

«....Sachons reconnaître enfin, que l'abandon des principes est la vraie cause de nos désastres.

« Une nation chrétienne ne peut pas impunément déchirer les pages séculaires de son histoire, rompre la chaîne de ses traditions, inscrire en tête de sa constitution la négation des droits de Dieu, bannir toute pensée religieuse de ses Codes et de son enseignement public.

« Dans ces conditions, elle ne fera jamais qu'une halte dans le désordre, elle oscillera perpétuellement entre le césarisme et l'anarchie, ces deux formes également honteuses des décadences païennes, et n'échappera pas au sort des peuples infidèles à leur mission.

« ..... On dit que je prétends me faire donner un pouvoir sans limites..... Ce que je demande, vous le savez, c'est de travailler à la régénération du pays, c'est de donner l'essor à toutes ses aspirations légitimes ; c'est, à la tête de toute la Maison de France, de présider à ses destinées, en soumettant avec confiance les actes du gouvernement au sérieux contrôle de représentants librement élus.

« On dit que la monarchie traditionnelle est incompatible avec l'égalité de tous devant la loi !

« Répétez bien, que je n'ignore pas à ce point les leçons de l'histoire et les conditions de la vie des peuples ; comment tolérerais-je des priviléges pour d'autres, moi qui ne demande que celui de consacrer tous les instants de ma vie à la sécurité et au bonheur de la France, et d'être toujours à la peine, avant d'être, avec elle, à l'honneur ?....

....« On se dira que j'ai la vieille épée de la France dans la main, et dans la poitrine ce cœur de roi et de père qui n'a point de parti. Je ne suis point un parti, et je ne veux pas revenir pour régner sur un parti. Je n'ai ni injure à venger, ni ennemi à écarter, ni fortune à refaire, sauf celle de la France ; et je puis choisir partout les ouvriers qui voudront s'associer loyalement à ce grand ouvrage.

« Je ne ramène que la religion, la concorde et la paix, et je ne veux exercer de dictature que celle de la clémence, parce que dans mes mains, et dans mes mains seulement, la clémence est encore la justice.

« Voilà, mon cher ami, pourquoi je ne désespère pas de mon

— 54 —

pays, et pourquoi je ne recule pas devant l'immensité de la tâche.

« La parole est à la France, et l'heure est à Dieu. »

Et la splendide proclamation du drapeau :

« Je ne puis oublier que le droit monarchique est le patrimoine de la nation, ni décliner les devoirs qu'il impose envers elle ; ces devoirs, je les remplirai, croyez-en ma parole d'honnête homme et de roi.

« Dieu aidant, nous fonderons ensemble, et quand vous voudrez, sur les larges assises de la décentralisation administrative et des franchises locales, un gouvernement conforme aux besoins réels du pays.

« Nous donnerons pour garantie à ces libertés publiques, auxquelles tout peuple chrétien a droit, le suffrage universel honnêtement pratiqué, et le contrôle de deux chambres ; et nous reprendrons, en lui restituant son caractère véritable, le mouvement national de la fin du siècle dernier.

« Une minorité revoltée contre les vœux du pays en a fait le point de départ d'une période de démoralisation par le mensonge, et de désorganisation par la violence. Ses criminels attentats ont imposé la révolution à une nation qui ne demandait que des réformes, et l'ont dès lors, poussée vers l'abîme, où hier elle eût péri, sans l'héroïque effort de notre armée.

« Ce sont les classes laborieuses, ces ouvriers des champs et des villes, dont le sort a fait l'objet de mes plus vives préoccupations et de mes plus chères études, qui ont le plus souffert de ce désordre social. Mais la France, cruellement désabusée par des désastres sans exemple, comprendra qu'on ne revient pas à la vérité en changeant d'erreur, qu'on n'échappe pas par des expédients à des nécessités éternelles.

« Elle m'appellera, et je viendrai à vous tout entier, avec mon dévouement, mon principe et mon drapeau.

« A l'occasion de ce drapeau, on a parlé de conditions que je ne dois pas subir.

« Français !

« Je suis prêt à tout pour aider mon pays à se relever de ses ruines, et à reprendre son rang dans le monde ; le seul sacrifice que je ne puisse lui faire, c'est celui de mon honneur.

« Je suis, et je veux être de mon temps : je rends un sincère hommage à toutes ses grandeurs, et quelle que fût la couleur du drapeau sous lequel marchaient nos soldats, j'ai admiré leur héroïsme, et rendu grâce à Dieu de tout ce que leur bravoure ajoutait aux trésors des gloires de la France.

« Entre vous et moi, il ne doit subsister ni malentendu ni arrière-pensée.

« Non, je ne laisserai pas, parce que l'ignorance ou la crédulité auront parlé de priviléges, d'absolutisme ou d'intolérance, que sais-je encore ? de dîme, de droits féodaux, fantômes que la plus insigne mauvaise foi essaye de ressusciter à vos yeux, je ne laisserai pas arracher de mes mains l'étendard de Henri IV, de François Ier et de Jeanne d'Arc.

« C'est avec lui que s'est faite l'unité nationale ; c'est avec lui que vos pères, conduits par les miens, ont conquis cette Alsace et cette Lorraine dont la fidélité sera la consolation de nos malheurs.

« Il a vaincu la barbarie sur cette terre d'Afrique, témoin des premiers faits d'armes des princes de ma famille : c'est lui qui vaincra la barbarie nouvelle dont le monde est menacé.

« Je le confierai sans crainte à la vaillance de notre armée ; il n'a jamais suivi, elle le sait, que le chemin de l'honneur.

« Je l'ai reçu comme un dépôt sacré des mains du vieux roi

mon aïeul, mourant en exil; il a toujours été pour moi insé-
parable du souvenir de la patrie absente; il a flotté sur mon
berceau, je veux qu'il ombrage ma tombe.

« Dans les plis glorieux de cet étendard sans tache, je vous
apporterai l'ordre et la liberté.

« Français !

« Henri V ne peut abandonner le drapeau blanc de Henri IV.

« *Chambord, 5 juillet* 1871. »

Quel magnifique langage !... Amis et ennemis en ont été
pénétrés. Devant cette grandeur si simple et si éloquente,
nous avons vu de vraies larmes d'émotion tomber de bien des
yeux. Que sa parole est saine! s'écriait en le reproduisant le
journal de l'empire, le *Constitutionnel*; et le lendemain, plus
de cent journaux répétaient et se l'appropriaient cette appré-
ciation si juste . Que sa parole est saine ! Comme on sent une
grande âme incapable d'arrière-pensée, incapable de s'abaisser à flatter les mauvais instincts des foules! comme il va droit
au but!

Pendant que le journal socialiste de Belgique, émerveillé
lui-même, écrivait: « Que peut-on lui demander de plus en fait
de libéralisme, à moins de vouloir qu'il soit socialiste comme
nous ? » il s'est trouvé en France quatorze légitimistes que ce
trop beau langage a scandalisés. Le roi ose parler de son
drapeau... quelle faute ! il se suicide. Pourquoi ne pas ména-
ger quelque peu les instincts révolutionnaires; un silence habile doublait les forces de son parti. Était-ce une si grande
concession que le seul silence momentané ?..

Ah ! sans doute, Napoléon III eût été plus habile, plus politique; il ne parlait jamais que pour flatter une fois les honnêtes gens et deux fois la canaille; c'est ainsi qu'on arrive et
qu'on se maintient, comme il s'est maintenu ; mais le roi de
France ne connaît pas ces habiletés malsaines; entre la France

et lui, il ne doit y avoir *ni malentendu ni arrière-pensée*. Le roi parle en face à ses ennemis comme à ses amis, et si quelques-uns se scandalisent ou s'intimident, l'Europe entière, par les mille voix de sa publicité, admire et applaudit; après tant d'histrions, elle voit enfin se lever un homme.

Combien le règne de la duplicité a été trop long !

Le Comte de Chambord jugé par ses adversaires.

Louis Blanc a dit au sujet du manifeste du drapeau : « De tous les personnages marquants de notre époque, le comte de Chambord est le seul qui n'ait encore commis aucune faute. » Metternich, le grand diplomate, avait déjà dit depuis longtemps : « La conduite personnelle de M. le comte de Chambord est parfaite dans toutes les circonstances. Sa réserve, sa prudence, son aplomb, son esprit dans une position si délicate obtiennent l'assentiment général; il a toujours parlé à propos et agi avec discernement; il n'a dit que ce qu'il voulait dire et comme il fallait le dire. »

En 1848, M. Charles Didier qui se qualifie lui-même : *républicain de la veille, de l'avant-veille et de tous les temps*, envoyé en mission secrète par le gouvernement de la République, poussa son voyage jusqu'à Froshdorf; il publia plus tard ses impressions (1). En voici quelques fragments:

«.... J'étais pour lui une nouveauté ; il ne connaissait de moi que mes opinions politiques et quelques écrits dont le fond ne pouvait lui plaire évidemment.... J'allai droit au but: Monseigneur, lui dis-je, j'ignore et Dieu seul peut savoir quelles destinées vous sont réservées dans l'avenir; mais si vous avez une chance de régner quelque jour en France, ce que

------

(1) Une visite à M. le duc de Bordeaux. — Paris, Michel Lévy, 1849.

pour mon compte je ne désire pas, cette chance, la voici :
Que, par impossible, la France épuisée par ses expériences, à
bout de ses ressources, ne trouve pas dans le pouvoir électif
la stabilité qu'elle poursuit; que les découragements, les mé-
comptes retournent jamais ses pensées vers le principe héréditaire comme base plus fixe de l'autorité, vous représentez
ce principe; et, dans ce cas, ce serait la France elle-même qui
viendrait vous chercher. Jusque-là, je ne vois pour vous
qu'une chose à faire, attendre les événements, »

« M. le duc de Bordeaux m'avait écouté avec attention.... Il me répondit sans hésitation, que je venais de tra-
duire sa pensée; qu'il n'entreprendrait jamais rien contre les
pouvoirs établis, ne voulait prendre aucune initiative et n'a-
vait aucune ambition personnelle; qu'il se considérait en
effet comme le principe de l'ordre et de la stabilité; qu'il
entendait maintenir ce principe intact, ne fût-ce que pour le
repos de la France; que ce principe était toute sa force, qu'il
n'en avait pas d'autre; qu'il en aurait toujours assez pour remplir son devoir quel qu'il fût, et que Dieu d'ailleurs lui viendrait en aide. Si je rentre jamais en France, ajouta-t-il, ce ne
sera que pour y faire de la conciliation, et je crois que moi
seul en peux faire.

« C'est Dieu qui sonde les cœurs et les reins ; c'est donc à
lui qu'appartient le secret des consciences; cependant je crois
pouvoir prendre sur moi d'affirmer que les paroles du prince
étaient sincères. Le ton pénétré dont il les prononça, l'ou-
verture de sa physionomie pendant qu'il parlait, ne laissaient
aucun doute à cet égard et emportaient la conviction. Tout
en lui décèle une grande droiture de cœur et d'esprit, un vif
sentiment du devoir et de la justice, uni à l'amour du
bien.

« M. le duc de Bordeaux a l'esprit ouvert aux questions du
jour, les étudie toutes, et n'est pas étranger aux théories in-

dustrielles; pendant son séjour en Angleterre, il est peu de manufactures importantes qu'il n'ait visitées et visitées avec soin.

« Deux questions le préoccupent entre toutes les autres : l'organisation administrative de la France par la commune, et le problème social des travailleurs.

« Tout ce qu'on est en droit d'exiger d'un homme, c'est le désir sincère d'apprendre et la bonne volonté; or, on ne saurait sans injustice refuser au prince ces deux vertus. Ajoutez à cela du bon sens, de la candeur, une grande bonté et une générosité naturelle incontestable : je dis plus, incontestée. C'est un honnête homme dans toute la force du mot.

« Il eût fait, j'en suis convaincu, un excellent monarque constitutionnel. La nature de son esprit, son caractère même étaient appropriés à cette forme de gouvernement, et son éducation était dirigée dans ce sens. (N'oublions pas que c'est un républicain qui parle et que ses appréciations lui sont toutes personnelles.) L'esprit de parti le représente comme un absolutiste, et c'est comme tel qu'il apparaît à la foule du fond de son exil; la vérité est qu'il n'y a peut-être pas dans toute l'Europe un constitutionnel plus dévoué que lui.

«..... Quoique un peu pleine et marquée du cachet Bourbonnien, sa figure est très-agréable, franche, ouverte et très-sympathique; son œil vif et doux écoute bien, interroge beaucoup; il regarde si droit et si fixe, que je considère comme une chose impossible de lui mentir en face. Quant à lui, il suffit de le voir pour être convaincu de sa véracité.

« Il n'est pas douteux que son aïeul Charles X et que Louis XVIII lui-même, ne fussent énormément scandalisés de ses doctrines et qu'il ne fût à leurs yeux un hérétique politique, un Lafayette royal. Comment en serait-il autrement ? Les idées des enfants ne sont pas celle des parents; quoiqu'on fasse, l'atmosphère des esprits change et le milieu intellectuel se modifie, non-seulement de siècle en siècle, mais à chaque génération.

« Voilà pourquoi M. le duc de Bordeaux n'a pas les principes de Charles X ; je vais plus loin : il voudrait les avoir qu'il ne le pourrait. L'aïeul, pour ne citer qu'un exemple, tenait aux formes, à l'étiquette, au culte de la personne royale qui a joué toujours dans la maison de Bourbon un rôle considérable : le petit-fils, lui, n'y tient guère, fait bon marché de ces pompeuses inanités, et va si loin à cet égard, que si jamais il remontait sur un trône, il n'aurait pas même de cour. Son parti est pris là-dessus. »

Voilà les impressions qu'ont produites sur un républicain renforcé une visite à notre Henri. A travers quelques réticences, excusables de la part d'un adversaire convaincu, tout dans ces lignes, reflète le sympathique respect, très-voisin de l'admiration, pour ce caractère, cette instruction, cet esprit moderne, et même pour le charme de l'extérieur.

Un autre adversaire, le vicomte de La Guéronnière, sénateur impérial, ambassadeur, etc., écrivait, en 1856, dans la *Patrie, journal de l'Empire*.

« Monsieur le comte de Chambord *n'a aucun préjugé* ; l'éducation de l'exil, ses recueillements, ses méditations, ses enseignements ont triomphé de tout ce que les traditions de famille ou de caste avaient pu lui suggérer de faux et de contraire à l'esprit du temps. Sa loyauté, sa franchise, sa fermeté de conscience, sa pureté de cœur l'ont gardé, et lui ont fait toucher à beaucoup de réalités qui ne sont pas toujours à la portée des princes. Intelligence curieuse et chercheuse, il a voulu voir même ce qu'on aurait voulu lui cacher.

« La monarchie représentative, son esprit, ses principes, ses habitudes, convenaient admirablement à cette nature réservée, conciliante, tolérante, sans préjugés et sans rancunes. qu'aucune passion n'agite, qu'aucune ambition n'entraîne; ses défauts même eussent été des qualités. »

M. Albert Wolff, chroniqueur au *Figaro*, quand ce journal n'avait pas de ligne politique, l'a quitté lorsqu'il devint légitimiste; M. Wolff, qui était loin d'être un ami, voyageant en Autriche pendant ses vacances, sollicita l'honneur d'une visite à Frohsdorf. Voici ses impressions, relatées dans le *Figaro* du 10 octobre 1869 :

« .... Cet accueil d'une si exquise bienveillance n'est pas la plus grande surprise... On pensait voir un prince de l'ancien régime, tel que le dépeignent les légendes du boulevard, et l'on est en présence d'un contemporain. On croirait retrouver en Monsieur le comte de Chambord la mélancolie de Louis XIII, la majesté de Louis XIV et la grâce de Louis XV. tel que nous les représentent les peintres du dix-huitième siècle : mais en même temps que la barbe châtaine coupée en en pointe et la conformation des yeux rappellent vaguement les traits d'Henri IV, la vivacité, l'entrain et l'affectueuse simplicité, en rappellent encore mieux le caractère.

« Rien dans les allures de M. le comte de Chambord ne répond aux portraits fantaisistes que l'on a faits de *chic*. plutôt que d'après nature. Nous savions déjà que toute flatterie, toute allusion à des espérances intimes sont aussi désagréables à M. le comte de Chambord que les titres, que des visiteurs trop zélés lui décernent parfois, malgré l'exemple de réserve qui leur vient des amis de la maison. Tout ce qu'on raconte sur les usages de Frohsdorf, sur le cérémonial que l'étiquette impose au visiteur, est absolument dénué de fondement. On n'exige des hommes à qui l'on fait l'honneur de les recevoir au château, que tout juste la déférence à laquelle M. le comte de Chambord a droit dans la situation que lui a faite l'histoire. Il serait téméraire de vouloir deviner ce qui se passe au fond du cœur de celui qu'on appelle : Monseigneur, et pas autrement ; mais rien dans les habitudes de Frohsdorf ne peut laisser supposer que le maître de la maison se croit ailleurs que dans un château aux environs de Vienne.

« ..... Monsieur le comte de Chambord aborde la politique comme les autres sujets, avec autant de dignité que de franchise, et il ne s'exagère ni le passé, ni le présent, ni l'avenir. Contrairement à ce que l'on prétend de sa race, on peut dire de M. le comte de Chambord qu'il n'a peut être rien oublié, mais qu'il a certainement beaucoup appris. »

Dans son recueil mensuel, *le Rural*, un révolutionnaire chercheur, M. E. Blavet, a le courage de mettre en parallèle ce qu'il appelle les quatre prétendants à la succession de la France, qui sont d'après lui : 1° Le comte de Chambord ; 2° le duc d'Aumale sous le voile du comte de Paris ; 3° le fils de Bonaparte, et 4° le citoyen Gambetta. Je demande pardon au lecteur honnête de transcrire un rapprochement semblable, mais il mène son auteur à un hommage forcé, quoique encadré dans la malveillance : « ..... Le comte de Chambord, cet homme accompli comme prince, ce descendant authentique de Henri IV dont il a la bonté et l'esprit, de Louis XIV dont il rappelle la physionomie et la majesté, de Louis XVI et de Charles X dont il pratique la piété. »

A propos du manifeste du drapeau qu'il s'évertue lui aussi à considérer comme une abdication, M. Blavet continue : « ..... La dernière figure vraiment royale qui rappelât à la France son passé légendaire, rentre aux solitudes..... laissant le monde partagé entre la *pitié* (!..) et l'admiration... et la République plus déconcertée encore que reconnaissante..... La seule page historique de cette carrière aura du moins été noblement remplie. »

Le *Constitutionnel*, journal officieux de l'empire, écrivait en 1863 : « Le comte de Chambord, l'homme le plus intelligent de son parti, qui certes ne manque pas d'hommes d'intelligence. » En effet, ce parti qui compte autant d'hommes de cœur que d'hommes d'intelligence, est celui entre autres des Mac-Mahon, des Sonis, Changarnier, Cathelineau, Charette, de Larcy, Keller, Benoist d'Azy, Falloux, de Gaillard, de Villemessant ; il comptait en plus alors, les Berryer, Bonald, Sauzet, Lamoricière, Cauchy, Nettement, Lourdoueix et tant d'autres. Le comte de Chambord est « l'homme le plus intelligent de ce parti. »

Un publiciste français qui n'est pas suspect, et qui avait visité Frohsdorf, plutôt pour avoir le droit de mépriser le fils de nos rois que pour se mettre dans l'obligation de l'exalter, répétait il y a peu de temps son hommage spontané devant la France entière. Voici le résumé de ses paroles que tous les journaux reproduisirent :

« J'ai trouvé à Frohsdorf ce que je n'ai jamais rencontré encore sur la terre, ce qu'il y a de plus grand comme intelligence, comme caractère, comme dignité, uni à ce qu'il y a de plus affectueux, de plus simple et de plus aimable. Il n'y a aucune question d'histoire, de littérature, d'économie politique et sociale, qui ne soit familière au prince. Je suis encore sous le charme de cette figure si noble, de ce sourire si doux et surtout de cette parole si lumineuse et si claire. Heureuse la nation qui aura jamais un tel roi ! » (1)

Après de tels aveux arrachés par l'évidence à des ennemis, que l'on s'étonne encore de la déclaration de M. Estancelin au Corps législatif, et de celle du grand journal anglais le *Times*, huit jours p'us tard : « Ce n'est pas à Willemsœhe,

---

(1) *Manuel du bon Français*, p. 91.

c'est à Frohsdorf qu'il faut aller chercher le souverain de la France. » (1)

Prédestination.

Berryer mourant exhalait ce cri sublime :

« O Monseigneur ! ô mon Roi !...

« On me dit que je touche a ma dernière heure ;... je meurs avec la douleur de n'avoir pas vu le triomphe de vos droits héréditaires consacrant l'établissement et le développement de ces libertés dont notre pauvre France a besoin .. Je porte mes vœux au ciel pour Votre Majesté, pour Sa Majesté la reine et pour notre chère France. Pour qu'ils soient moins indignes d'être exaucés par Dieu, je quitte la vie armé de tous les secours de notre sainte religion.

« Adieu, Sire, que Dieu vous protége et sauve la France ! »

Hé bien oui ! notre grand Berryer sera exaucé ; Dieu protége Henri V pour sauver la France par lui. Il l'a marqué dès avant sa naissance et presque à chaque pas de sa carrière, du cachet évident de la prédestination. Il l'a soustrait au sol natal, afin qu'assistant de loin au spectacle de ses souillures et de ses déchirements, il pût mieux juger l'ensemble de l'œuvre révolutionnaire, sans en être souillé, sans y avoir touché. Ainsi, le rédempteur de la France sera pur de toute

---

(1) N'avons-nous pas entendu certains journanx *honnêtes* nous dire : Le Comte de Chambord est un grand caractère, mais il est trop loyal, trop parfait pour notre époque. Il pouvait entrer, la porte était ouverte, un peu basse pour lui, pourquoi n'a-t-il pas voulu se baisser un peu ? Quel reproche... Quoi, trop loyal pour être roi des Francs !... D'autres peut-être sont à la recherche de toutes les issues, disposés à entrer par les égouts ou les chattières ; or, pendant que des hommes *de leur époque* s'applatiront autour de ceux-là, voilà que la grande porte de l'honneur va s'ouvrir, et le monde émerveillé acclamera le roi de France dont le front ne sait pas se courber.

atteinte du souffle de la révolte universelle, comme le Rédempteur du monde fut pur de toute tache originelle. La Révolution qui frappa d'abord le trône des fils aînés de l'Eglise, va être frappée et anéantie par l'héritier de ce trône. L'univers sent cet événement prochain.

Chateaubriand « salue avec des larmes de joie l'avenir que Henri V promet à la France. » Lui-même avait apporté pour le baptême de l'enfant royal de l'eau du Jourdain, le fleuve où fut baptisé Jésus,

> Pour qu'à l'onde de son baptême
> Le monde à son déclin reconnut un sauveur.

Le nom de Henri lui est donné ; nom d'heureux augure. celui du *plus profond et du plus attrayant des hommes,*

> Le seul roi dont le peuple ait gardé la mémoire.

Heureux et fier d'un tel parrainage. l'enfant le prend pour type et pour modèle : « Je veux être Henri IV second, » dit-il, à l'âge de quatre ans : et il tiendra parole. Il *sera de ses sujets le sauveur et le père.*

Il reçoit aussi le nom de Dieudonné ; don de Dieu ! et le peuple acclame ce nom, si vrai après les cruelles épreuves que la famille royale et que la France venaient de traverser : heureux augure encore : un seul roi de France avait eu le nom de Dieudonné ; c'est Philippe-Auguste, le vainqueur des Allemands.

Il naît le jour de la fête de saint Michel, l'archange protecteur spécial du royaume de France, le vainqueur de Satan. père de toutes les révoltes et révolutions.

Il vient au monde heureusement, malgré les efforts de l'enfer pour le détruire dans le sein de sa mère, huit mois après l'assassinat de son père, unique et dernier héritier de notre monarchie qui devait mourir avec lui. Aussi Lamartine lui décerna-t-il, au nom de toute la France, le nom

d'*enfant du miracle*, qu'une protection aussi visible du ciel
a fait ratifier par l'univers :

> Il est né l'enfant du miracle !
> Héritier du sang d'un martyr,
> Il est né d'un tardif oracle,
> Il est né d'un dernier soupir !...
> Jeux du sort ! merveilles divines !
> Ainsi fleurit sur des ruines
> Un lys que l'orage a planté !...
>
> Il vient, quand les peuples victimes
> Du sommeil de leurs conducteurs,
> Errent au penchant des abîmes
> Comme des troupeaux sans pasteurs !
> Entre un passé qui s'évapore,
> Vers un avenir qu'il ignore,
> L'homme nage dans le chaos :
> Le doute égare sa boussole,
> Le monde attend une parole,
> La terre a besoin d'un héros.
>
> Jeté sur le déclin des âges,
> Il verra l'empire sans fin
> Sorti de glorieux orages,
> Frémir encor de son destin.
> Mais son glaive aux champs de victoire
> Nous rappellera la mémoire
> Des destins promis à Clovis,
> Tant que le tronçon d'une épée
> D'un rayon de gloire frappée
> Brillerait aux mains de ses fils !

Dans le délire de l'espérance et de la joie universelles,
Victor Hugo, inspiré alors, présage au jeune enfant les destinées que notre génération va voir s'accomplir :

> O joie ! ô triomphe ! ô mystère !
> Il est né, l'enfant glorieux,
> L'ange que promit à la terre
> Un martyr partant pour les cieux.

> Honneur au rejeton qui deviendra la tige !
> Henri, nouveau Joas, sauvé par un prodige
> A l'ombre de l'autel croîtra vengeur du sort.
> Un jour, de ses vertus notre France embellie,
> A ses sœurs comme Cornélie
> Dira : voilà mon fils, c'est mon plus beau trésor !
>
> Son nom seul a calmé nos tempêtes civiles.
> Ainsi qu'un bouclier il a couvert nos villes :
> La révolte et la haine ont déserté nos murs :
> Tel du jeune lion qui lui même s'ignore,
> Le premier cri, paisible encore,
> Fait de l'antre royal fuir cent monstres impurs.

Répondant aux acclamations de son peuple, Louis XVIII, pleurant de joie lui-même, était apparu au balcon des Tuileries, tenant l'enfant dans ses bras : « Mes bons amis, s'écria-t-il, d'une voix entrecoupée par l'émotion, votre joie centuple la mienne... Il nous est né un fils à tous... Il vous aimera comme je vous aime ; comme nous nous aimons tous.. Nous ne faisons tous qu'une même famille ; vous êtes tous mes enfants ! » Et voilà que ce peuple, saisi d'un sentiment pieux, obéissant à une influence inconnue, se met à genoux, comme pour être béni par les paroles de son père, et par l'ange qui lui est donné (1).

Cette naissance miraculeuse qui fait renaître notre royauté, fait frissonner d'émotion l'Europe et le monde ; au nom de tout le corps diplomatique, dont il est président, le Nonce apostolique décerne au royal enfant le nom d'*enfant de l'Europe* ; et le message de félicitation envoyé par le Czar de toutes les Russies, porte : « Je ratifie le titre d'enfant de l'Europe, que le Nonce apostolique a décerné à Monsieur le duc de Bordeaux. »

Dix ans plus tard, chassé par un parent qu'il avait com-

---

(1) *Vie de Henri de France;* par un bon Français du Midi.

blé de bienfaits, un vieillard accompagné d'un enfant s'éloignait de Paris. Arrivés à Valogne, au milieu des témoignages les plus touchants d'amour et de regrets, ils prennent congé de la fidèle garde royale qui a voulu les accompagner jusque-là. Tout à coup les drapeaux blancs réunis en faisceaux leur sont apportés ; la vieille garde refuse de servir sous les couleurs nouvelles. Charles X reçoit et embrasse ces étendards glorieux qui flottent encore sur les murs d'Alger : « Mes enfants, dit-il, j'accepte et j'emporte ces drapeaux ; ils sont sans tache ; Henri vous les rendra de même. »

A Cherbourg, au moment où les exilés vont quitter le sol paternel, l'un des commissaires chargés par l'usurpateur de les expulser, Odilon Barrot, saisi d'une inspiration prophétique, s'approcha du roi : « Sire, dit-il, conservez bien cet enfant ; il sera un jour le salut de la France. »

Oui, la Révolution elle-même l'avoue en rugissant, tout dans l'air qui nous environne le redit, tous les cœurs le sentent ; l'enfant du miracle est l'homme des hautes destinées, Henri V sera le salut de la France. Vive Henri V ! Vive le Roi !!

CONCLUSION

Résumons ces pages en quelques axiômes et quelques vérités historiques. Si une seule des propositions suivantes est démontrée inexacte, je me soumets à tout désavouer et à tout démentir moi-même.

Il n'y a que deux principes de gouvernement : Monarchie ou République.

La monarchie est la forme de gouvernement la plus rationnelle, basée sur la nature ; c'est le gouvernement habituel à la généralité des peuples.

L'hérédité est la base la plus naturelle et la plus ferme des monarchies.

Les principes de la *Loi Salique,* la monarchie héréditaire, et auprès d'elle la représentation nationale, sont le fondement du droit national français.

Appuyée sur ces principes, la France a traversé plus de treize cents ans, devenant et se maintenant jusqu'à 1789, par sa gloire et sa prospérité, la première nation du monde.

Malgré des vicissitudes inévitables dans cette longue période, l'amour et la confiance réciproques du peuple et de ses rois, furent les principaux agents de la grandeur et de la prospérité nationales.

La monarchie française a plus fait pour ses peuples qu'aucune autre monarchie. Elle nous a donné, gratuitement, une notable partie du sol national.

En 1789, toutes les communes de France ayant délibéré isolément, du dépouillement des quarante-quatre mille cahiers de leurs délibérations, résulta la reconnaissance absolue de nos principes fondamentaux, savoir : la monarchie héréditaire représentative.

Le Comte de Chambord est l'unique représentant et la personnification de ces principes ; tout autre que lui, qui arriverait au trône, lui vivant, serait un usurpateur.

La Révolution de 1789, après la proclamation solennelle de ces principes par la nation, fut une révolte contre les droits du peuple.

Toutes les tentatives faites pour remplacer en France ces principes par d'autres, ont misérablement échoué. Depuis 1789, aucun gouvernement n'a pu se maintenir.

La République, essayée à trois reprises, n'a abouti chaque fois qu'à des hontes et des désastres.

La France, son caractère, ses mœurs, son histoire, ses intérêts, sont anti-républicains.

Le parti républicain, qui ne forme qu'une petite minorité dans la nation, se compose surtout d'hommes sans famille. Il compte dans son sein la presque unanimité des malfaiteurs avoués.

La république est l'avant-garde de la révolution sociale universelle.

La révolution déclare ouvertement qu'elle veut détruire la société actuelle, la religion, la propriété, la patrie, la famille.

Contre une telle ennemie, les demi-mesures, les atermoiements, les concessions ne peuvent rien ; l'épreuve en est faite.

Au principe qui veut sa destruction, la France ne peut opposer que le principe qui la fit naître, grandir, et qui la fit reine des nations.

« On ne revient pas à la vérité en changeant d'erreur, on n'échappe pas par des expédients à des nécessités éternelles, » nous dit Henri V.

Henri V est le principe, il est le droit, il est la vérité ; Henri V sera la résurrection de la France.

Vive la France ! Vive Henri V !

APPENDICE

Le Progrès. — Les Cléricaux. — Les Rétrogrades.

Le progrès! grand mot; le char du progrès! mot plus
grand encore ; — quiconque osera se mettre en travers du
char du progrès sera broyé !... sublime... Répétez cela,
joignez-y à satiété la liberté, les droits du peuple, l'Inquisi-
tion ; vous êtes un homme éloquent, un fier citoyen: vous
passez capitaine de la garde nationale.

Le progrès, c'est l'avancement dans le bien. Il y a deux
sortes de bien: le bien moral et le bien matériel, qui ne sont
nullement incompatibles et marchent souvent de front. Mais
si le progrès matériel prime et étouffe le moral, loin de satisfaire les cœurs, en les gâtant il les rend malheureux.
Voyez les contrées les mieux dotées en usines et en chemins
de fer, voyez les villes les plus riches, les habitués des
cafés-concerts les plus dorés; le luxe et le bien-être les
rendent-il meilleurs? Loin de là, ils les aigrissent davantage;
ne cherchant le bonheur que dans la richesse, ils s'acharnent à l'y poursuivre, et ne l'y trouvant pas, ils arrivent
à la fureur. Dans ces conditions, l'ouvrier qui de trois francs
par jour monte à cinq et à dix, devient de plus en plus mécontent et révolutionnaire; la ville la plus heureuse, éclairée du
gaz le plus brillant, dotée des théâtres les plus libres, faisant
le plus travailler, celle-là sera la plus irritée, la plus remuante.

Il y a trente ans, les filles du peuple s'habillaient de coton-
nade, les hommes portaient la veste et la blouse; aujour-
d'hui, tout villageois a des bottes vernies, la race des filles
a disparu, il ne naît plus que des demoiselles délicates, char-
gées de rubans ; le travail fatigant est remplacé par le travail

de la machine ; les vins, comme les morceaux fins, sont familiers à la moindre gargotte. *Le peuple* de la révolution est-il plus heureux, plus satisfait? Il ne parle que de tout détruire et ne jure que par le pétrole. Que le progrès moral marche avec le progrès matériel, tout change de face ; l'homme use des facilités de la vie, recherche le beau et la richesse, mais sans fièvre, sans fureur ; il ne se rend pas malheureux par la soif du bien-être : il sait que le devoir est toujours à côté du droit : il comprend que la matière, même merveilleusement perfectionnée, ne peut satisfaire pleinement son âme immatérielle ; et il trouve bientôt, en dehors des jouissances et des intérêts physiques, des éléments de bonheur qui le satisfont mieux.

Au dire de Messieurs les démagogues, la France ne daterait que de 1789. Il n'y a qu'un mot à ajouter qu'ils ne récuseront pas : La France *révolutionnée* date de 1789 ; ils sont bien les pères de cette nation agitée des convulsions de l'agonie : avant eux, c'était la France monarchique, qui pendant quatorze cents ans, eut une belle place au soleil.

Le progrès daterait de 1789 ; la preuve en est dans la vapeur, l'éclairage, le télégraphe électrique etc., etc. Allons jusqu'au bout, et ne négligeons pas les merveilles du pétrole, les torpilles, le canon Krupp, les bombes Orsini, le chassepot et cent autres bienfaits du génie de l'homme délivré de Dieu.

. Nous sommes loin de nier les merveilles de l'industrie contemporaine, nous en usons et les admirons volontiers ; mais, avant la révolution, on inventait aussi. L'imprimerie qui est certainement, et de beaucoup, la plus considérable et la plus étonnante des inventions humaines, date d'avant 89 ; le papier qui reçoit cette photographie de nos pensées, le télescope qui sonde les mystères des astres, le microscope qui fouille les infiniment petits : les notes de musique, la bous-

sole, le métier Jacquart, la machine électrique, la pompe hy-
draulique, les aérostats, le paratonnerre, l'horlogerie, la
poudre et l'artillerie, l'usage de la soie, l'importation de la
pomme de terre, datent d'avant 1789. Salomon de Caux,
Philippe de Girard, les frères Montgolfier et mille autres
furent récompensés et anoblis par nos rois: ce n'est pas
un roi, c'est Napoléon Ier qui repoussa Papin inventeur
de la machine à vapeur; de même M. Thiers déclarait,
il y a quarante ans, les chemins de fer absurdes et impos-
sibles.

Les cléricaux, les rétrogades, les réactionnaires, l'Eglise
en un mot, est-elle ennemie du progrès? Mon Dieu, non;
c'est un moine qui nous dota du café; les noirs jésuites nous
ont apporté la soie, ainsi que ses usages; sans être plus niais
pour cela, ils ont apporté encore le dindon, la pomme et
d'autres excellentes choses; le plus grand astronome moderne, chose incroyable, est un jésuite de Rome le R. P.
Secchi; notre fameux Leverrier n'est pas fier à côté de celui-
là, et c'est un instrument inventé par celui-là qui a été
classé parmi les quatre merveilles de la grande exposi-
tion de 1867. Les frères *Ignorantins* font gagner par leurs
elèves six prix contre un obtenu par les élèves des écoles laïques; (le concours est jugé par les professeurs de l'Etat). En
revanche, les maîtres laïques obtiennent devant les tribunaux
huit condamnations contre une pour les frères. Rome, la ville
des Papes, n'avait pas il est vrai, avant l'arrivée de Victor-
Emmanuel, de maisons dites de tolérance, et ce roi galant-
homme les lui a apportées en échange de tout ce qu'il lui a
pris; mais elle possédait déjà l'éclairage au gaz, le chemin de
fer, le télégraphe. Le génie du Piémont révolutionnaire a pu
changer en salle à manger la belle chapelle du Quirinal, il a pu
grimper jusqu'au Capitole pour paraître encore plus vil et
petit sur ces hauteurs; mais est-il pour quelque chose dans

les splendeurs de la Papauté, qui depuis des siècles font l'admiration de l'univers ?

Sans doute le génie de 89, aidé de ceux de 93 et 71 a pu produire le peintre Courbet, comme le génie impérial enfantait les musiciens Offenbach et Thérésa; mais aucun de ceux-là n'a rien à revendiquer sur Rossini et Meyerbeer. La peinture, comme l'architecture des époques de François Ier, Louis XIV, Louis XV et Louis XVI, n'ont rien à envier à l'école des Beaux-Arts d'aujourd'hui. On pensait, on écrivait, il y avait des poëtes en France aux 16me, 17me et 18me siècles ; mais de cela nos démagogues se préoccupent peu.

Les Meneurs.

Pauvre peuple ! Comme tes meneurs se moquent cruellement de toi ; ils te parlent progrès et ils t'abrutissent, et ceux qui crient le plus fort les plus grosses niaiseries, ceux-là ont ta confiance; pour eux tu t'imposes des sacrifices continuels, tu les élèves sur tes robustes épaules jusqu'aux honneurs, aux profits, et ils t'aiguillonnent sans cesse pour monter plus haut encore. Et quand, poussé par eux, tu t'es fait écraser aux barricades, mutilé, abîmé, du fond des prisons tu t'informes de leur sort : ils sont en Angleterre, en Suisse, en Amérique, partis au bon moment, avec leurs laquais, leurs épargnes et leurs maîtresses.

Disons un mot de quelques-uns de ces hommes pour qui tu te sacrifies.

Le pauvre M. Havin, si longtemps directeur du *Siècle*, qui faisait en ton honneur de si bons dîners chez le prince Plonplon et partout, M. Havin a laissé en mourant quatorze millions. En as-tu vu un centime ?

Le grand, l'austère Victor Hugo, qui prêche si bien la République universelle, a gagné à ce jeu quatre cent mille livres de rentes. On ne cite pas de lui une seule largesse, une seule aumône !

Ton ami de cœur, le généreux guerrier Garibaldi, qui trouve moyen de faire toujours la guerre sans jamais se battre ; qui, à Mentana, s'est enfui si bien que son état-major n'a pas pu le rejoindre ; qui, ayant crevé son cheval pour aller plus vite, a, sans se gêner, pris celui d'un soldat, puis fait partir une locomotive exprès pour fuir encore ; Garibaldi mène à Caprera un train, des mœurs et une vie, qui prouvent qu'il n'a pas perdu son temps en criant : vive la République et mort à la prêtraille ! (1)

Rochefort, monsieur le comte Henry de Rochefort-Luçay, qui se trouve mal chaque fois qu'on le force à se laisser voir, le pauvre Rochefort exilé en Belgique, gagnait dix mille francs par mois avec sa *Lanterne*; il avait une enfilade de salons, de superbes laquais, des espèces d'huissiers, et était si dur envers ses valets que l'un d'eux a tout révélé (2). Pendant ce temps, son père était dans la dernière indigence, et il fallut un jugement du tribunal pour que le lanternier lui fît une pension de quatorze cents francs.

Cluseret, chassé successivement de tous les régiments pour indélicatesses financières, surnommé le capitaine Mandrin, se réfugie en Amérique ; en revient général communard.

Dombrowski, contrefacteur des billets de banque russes, abandonne et laisse deux fois condamner ses associés. La Commune le trouve digne d'elle ; le malheureux a beau crier

---

(1) Pareil à Achille, il fut blessé au talon, ce qui prouverait qu'il faut encore montrer les talons à propos. Mais si quelqu'un a été indigné de cette blessure, c'est bien lui : croyant jouer la comédie comme toujours, il paradait bravement, même il était descendu de voiture ; un soldat ignorant l'ajuste pour de bon… Et depuis, Garibaldi ne veut plus entendre parler ni du compère Vittorio, ni des armées permanentes.

(2) *Prêtres et nobles*, par Mgr de Ségur.

qu'il n'est qu'un simple faussaire, qu'il n'a rien fait pour être soldat et qu'il préfère les finances ; on l'établit général en chef.

Schumacker est moins favorisé ; quoique forçat évadé de Toulon, où il était depuis trois ans pour avoir volé et assassiné sa sœur, il n'est fait que colonel.

Gambetta, nous l'avons vu, n'a rien perdu à ses quatre mois de dictature. Le pays souffrait assez pour que ses gouvernants se dispensassent de souffrir eux-mêmes ; et l'illustre démagogue, trouvant les wagons de première classe et les trains réguliers indignes de son illustre carrure, ne voyageait que par trains spéciaux et dans les wagons impériaux ; mais il ne payait pas (1).

Gent, le préfet démagogue, s'était donné des huissiers et des valets plus nombreux que le préfet de l'empire ; il régla l'étiquette avec laquelle on devait approcher de sa personne ; nul ne fut admis qu'après avoir sollicité l'honneur d'une audience, par écrit, en indiquant l'objet. On affirme que son luxe de bon goût ne lui coûta pas cher et qu'il a même fait des économies.

Jules Vallès, condamné pour avoir maltraité son père, est fait ministre de l'instruction publique sous la Commune.

Ricciotti, fils de Garibaldi, allant au combat quand il est fini, rencontre un franc-tireur blessé qui s'est emparé d'un drapeau prussien, le seul qui ait été conquis par les légions garibaldiennes ; il lui en offre cinquante francs, et sur le refus de blessé, le lui prend gratuitement.

---

(1) Depuis, il est plus modeste : pour revenir de Marseille à Paris au mois de janvier 1872, il prit de simples premières, mais pour lui seul tout le compartiment : total 768 francs. Et il paie. Excellent fils, il a dû certainement tirer son père des épices ; bon démocrate, il s'est montré en public avec ce modeste plébéien dans sa voiture ; seulement, les distances aristocratiques étaient conservées : le père sur la banquette, le fils occupant tout le fond. Très bon enfant au fond.

Ménotti, l'autre fils de Garibaldi, comparé à Craint-Plomb pour l'éducation, les connaissances militaires et pour son horreur du carnage.

Vermorel et Gaillard, tous deux ex-pensionnés de la police impériale.

Mottu, qui n'a que deux spécialités, mais qui les fait bien : 1e la chasse aux Christs, qui ne se défendent pas ; 2e les souscriptions qu'il lève et dont il oublie ensuite de rendre compte.

Laissons là cette liste, elle pourrait occuper toutes les pages de ce livre et serait loin d'être épuisée ; les Duportal, Challemel-Lacour, Gaston Crémieux, Esquiros, Delescluze, Jules Favre, Jules Ferry, Assy, Lullier, Bastélica, Mégy, Bordone, Félix Pyat, Blanqui, Ledru-Rollin, Raspail et mille autres terribles farceurs mériteraient chacun un dossier spécial. Et le peuple est persuadé que de tels hommes ne travaillent que pour son bien ! Ah ! oui, ils veulent le bien du peuple, et s'ils ne le font pas, ils le prennent trop.

Les Prophéties.

Il y a eu des prophéties depuis l'origine du monde, il y en aura jusqu'à la fin, et cela chez tous les peuples qui peuvent exister. Sans parler des prévisions pour l'avenir, que chacun peut tirer du présent et du passé, simple calcul des probabilités, que des hommes de génie ont parfois porté fort loin, disons quelques mots des prophéties auxquelles on attribue une origine surnaturelle.

De celles-là, quelques-unes sont authentiques, beaucoup sont fausses. Dieu, qui a créé l'humanité et qui la soutient, peut donner à certaines âmes privilégiées connaissance des événements qui se préparent ; il le fait quelquefois, rarement.

et toujours dans un but miséricordieux, pour prémunir les bons contre les châtiments annoncés, et avertir les méchants: afin que s'amendant, ils les conjurent.

Toute révélation, toute prophétie émanant de Dieu, serait absolument vraie dans tous ses détails, car Dieu est la vérité même; il lui est *impossible* de se tromper ni de nous tromper: mais l'élément humain s'y mêlant presque toujours, la fausse en voulant l'adapter à ce qu'il voit, et tout interpréter selon ses désirs ou ses craintes; d'autre part, le démon, esprit de mensonge, peut simuler des prophéties où l'erreur soit enveloppée de vérités.

Sans s'engager en rien envers aucune des deux ou trois cents prophéties que les événements ont fait éclore, on peut dire que, si la contradiction des détails démontre l'inanité du plus grand nombre, l'unanimité de leur conclusion définitive témoigne un fonds de vérité qui ne peut pas être d'origine humaine. Cette conclusion, à laquelle d'ailleurs, les événements nous mènent d'une manière invincible et évidente, c'est l'avènement prochain de Henri V, roi de France, vainqueur de la révolution en Europe.

Les curieux de prophéties authentiques, c'est-à-dire antérieures aux événements qu'elles annoncent peuvent rechercher d'abord celle d'Orval, partout répandue aujourd'hui. Divulguée en 1793, elle remonte, assure-t-on, au seizième siècle. Quelques personnes l'attribuent à Nostradamus, qui, obligé d'être obscur dans ses prédictions avouées, pour éviter le feu réservé aux sorciers, aurait fait celle-là plus claire et précise, en ne la signant pas. Quoiqu'il en soit, le roi Charles X, en 1830, donna la prophétie d'Orval au baron de Damas: elle était déjà connue de bien des gens à cette date, et paraît s'être accomplie depuis.

Les opinions sont très-partagées au sujet des prédictions de Nostradamus: beaucoup ne veulent voir dans le célèbre astrologue qu'un vil charlatan, dont les quatrains nébuleux s'adaptent indifféremment à tous les noms et à toutes les circonstances ; d'autres affirment au contraire, que par l'étude on trouve la clef de cette obscurité volontaire, et pour preuve, ils formulent des prévisions précises extraites de leur auteur. L'abbé Torné de Chavigny, l'un de ses plus fervents adeptes, a fait en 1862 une édition annotée de ses œuvres, ornée d'une photographie qui comprend soixante portraits historiques, dont douze de personnages qui doivent assister ou prendre part au couronnement de Henri V ; tous sont encore vivants à cette heure. Henri V occupe le centre du tableau, et toute l'histoire extraite du *prophète*, converge vers lui. Ce tableau fait à cette date est curieux. — Une personne à qui on annonçait après Sedan, la mort de Mac-Mahon, répondait : S'il est mort, il ressuscitera, ou bien on en fera un autre ; car c'est lui qui sera envoyé par la France pour ramener Henri V, et qui sera ensuite grand connétable ; Nostradamus l'a dit.

M. Thiers, qui n'est pas d'une naïveté excessive sans doute, dans son *Histoire du Consulat et de l'Empire*, transcrit en entier la prophétie d'Olivarius, et nous fait assister à l'impression que sa lecture fit sur l'esprit de Napoléon et de Joséphine.

La prophétie, dite de saint Césaire, fait partie d'un petit livre imprimé en 1524, sous le nom de *Liber Mirabilis*, livre rare, mais qu'on trouve dans la plupart des bibliothèques publiques; quelques amateurs le possèdent aussi. La prophétie de saint Césaire a été rééditée de mille façons plus ou moins menteuses.

Nous avons déjà cité, page 35, l'avertissement prophétique de saint Rémi à Clovis. Nous ne nous permettrons pas de sonder ici les mystères de l'Apocalypse, n'ayant pas les lumières nécessaires pour cette œuvre. Bornons-nous à répéter que toutes ces révélations, vraies ou fausses, proclament le pro-

chain avènement de Henri V, instrument de salut et de miséricorde ; mais encore bien plus, les événements nous y con-
duisent.

Le dernier manifeste du Roi nous arrive après le tirage de
cette brochure ; j'ai le bonheur de pouvoir l'insérer ici. Tou
commentaire est inutile, et je n'ajouterai que ce cri qui commence à s'élever et sera bientôt celui de toute la France :

VIVE LE ROI !

« La persistance des efforts qui s'attachent à dénaturer mes
paroles, mes sentiments et mes actes, m'oblige à une protes-
tation que la loyauté commande et que l'honneur m'impose.

« On s'étonne de m'avoir vu m'éloigner de Chambord alors
qu'il m'eût été si doux d'y prolonger mon séjour, et l'on attribue ma résolution à une secrète pensée d'abdication.

« Je n'ai pas à justifier la voie que je me suis tracée. Je
plains ceux qui ne m'ont pas compris ; mais toutes les espérances basées sur l'oubli de mes devoirs sont vaines.

« Je n'abdiquerai jamais.

« Je ne laisserai pas porter atteinte, après l'avoir conservé
intact, au principe monarchique, patrimoine de la France
dernier espoir de sa grandeur et de ses libertés.

« Le césarisme et l'anarchie nous menacent encore, parce
que l'on cherche dans des questions de personnes le salut
du pays, au lieu de le chercher dans les principes.

« L'erreur de notre époque est de compter sur les expédients de la politique, pour échapper aux périls d'une crise
sociale.

« Et cependant la France, au lendemain de nos désastres,

en affirmant dans un admirable élan sa foi monarchique, a prouvé qu'elle ne voulait pas mourir.

« Je ne devais pas, dit-on, demander à nos valeureux soldats de marcher sous un nouvel étendard.

« Je n'arbore pas un nouveau drapeau, je maintiens celui de la France, et j'ai la fierté de croire qu'il rendrait à nos armées leur antique prestige.

« Si le drapeau blanc a éprouvé des revers, il y a des humiliations qu'il n'a pas connues.

« J'ai dit que j'étais la réforme ; on a feint de comprendre que j'étais la réaction.

« Je n'ai pu assister aux épreuves de l'Eglise sans me souvenir des traditions de ma patrie. Ce langage a soulevé les plus aveugles passions.

« Par mon inébranlable fermeté à ma foi et à mon drapeau, c'est l'honneur même de la France et son glorieux passé que je défends, c'est son avenir que je prépare.

« Chaque heure perdue à la recherche de combinaisons stériles profite à tous ceux qui triomphent de nos abaissements.

« En dehors du principe national de l'hérédité monarchique sans lequel je ne suis rien, avec lequel je puis tout, où seront nos alliances ? Qui donnera une forte organisation à notre armée ? Qui rendra à notre diplomatie son autorité ? à la France son crédit et son rang ?

« Qui assurera aux classes laborieuses le bienfait de la paix, à l'ouvrier la dignité de sa vie, les fruits de son travail, la sécurité de sa vieillesse ?

« Je l'ai répété souvent, je suis prêt à tous les sacrifices compatibles avec l'honneur, à toutes les concessions qui ne seraient pas des actes de faiblesse.

« Dieu m'en est témoin, je n'ai qu'une passion au cœur, le bonheur de la France ; je n'ai qu'une ambition, avoir ma part dans l'œuvre de reconstitution qui ne peut être l'œuvre exclusive d'un parti, mais qui réclame le loyal concours de tous les dévouements.

« Rien n'ébranlera mon courage et ne lassera ma patience. Personne, sous aucun prétexte, n'obtiendra que je consente à devenir le roi légitime de la Révolution.

« 25 janvier 1872.

« HENRI. »

TABLE